我的夢想清單 02

追夢到古巴

穿梭純樸與恬靜 漫步華麗與時尚

蘇 蘇、蔡永義、林麗玲、張國器、陳淑華、
魏瓊瑛、康慶宏、張玉佩、張建和／合著

序一 解鎖你的古巴夢想清單

我一直在想，當我們規劃一趟偉大的旅程，當中除了必須考量預算、徵求旅伴、規劃假期、蒐集資料，最後還要挑選旅行社等等，投入許多時間與精力，但只要其中某個環節出了問題，整趟旅程就可能取消。若是幸運地，一切都很順利，好不容易完成旅行夢想清單的一項，雖然留下滿滿的回憶，卻也難免隨著時間逐漸淡忘，最後可能只剩臉書每年提醒一次的PO文回顧。因此，我們開始規劃幫旅客出版遊記書，期望這份感動能被記錄下來，分享給懷有相同夢想清單的人，也分享給親友，同時也作為留給自己的一份珍貴禮物。於是有了這個與「釀出版」合作的專屬書系：「我的夢想清單」。

有別於坊間的旅遊工具書，「我的夢想清單」系列書記錄的是行旅者的感動。如果你只是要蒐集景點資訊、門票或交通路線、餐廳開放時間，大可上網搜尋，資訊反而更即時精準；本系列遊記書的特色在於作者群來自不同成長背景，帶著各自獨特的人生經歷，懷抱著對目的地的不同憧憬與想像，他們透過鏡頭與文字告訴讀者，真的踏上這些國度實地走訪後，他們心中獨一無二、不可取代的感動，這系列書也因而更具有人的溫度。

本書是我們幫旅客出版的首波遊記書之一：《追夢到古巴》，另一本同時出版的則是《追夢到秘魯》。

古巴，一個神祕又封閉的國家。雖然位處加勒比海交通要衝，距離美國佛州僅一百四十五公里，卻在長期被封鎖下，猶如一個被世界遺忘的國度，它的神祕感，也往往成為旅人的夢想清單之一。去古巴旅遊會面臨一點小困擾：去過這個國家，未來可能無法申請美國電子簽證（Esta），只能申請實體簽證。我想這是一種取捨，相信未來的政治干擾狀況會改變放寬，但夢想不應該為了這種問題而被耽誤。去吧！去看看這個時光倒退的地方，現在這個時刻，就是最完美的時刻。

《追夢到古巴》有九位共同作者，書籍出版前，我已經看過他們在旅途中由領隊分享回來的照片，從中已能一窺古巴迷人的氛圍，讓人更加期待看到作者的文字敘述。希望你們會跟我一樣，喜歡這本《追夢到古巴》。

元本旅遊創辦人／董事長

目次 CONTENTS

CUBA
古巴

古巴
多元文化的熔爐

DE CUBA

古巴全名為「古巴共和國」，是美洲西印度群島西半部的一個國家，位於墨西哥灣入口處，與美國隔著佛羅里達海峽相對望，是加勒比地區面積最大且人口數量第二多的島嶼。

國　　名	古巴共和國 República de Cuba（西班牙語） Republic of Cuba（英語）
官方語言	西班牙語
首　　都	哈瓦那
土地面積	110,861 平方公里
人　　口	11,451,000（2019 年統計資料）

REPÚBLICA

古巴首都哈瓦那（La Habana）舊城仍留有各個時期的建築，如：西班牙殖民時期的巴洛克建築、受美蘇影響而出現的新古典主義建築和裝飾主義建築等，也因此哈瓦那被列為世界文化遺產。

景點記事本

Check

○ 哈瓦那 La Habana

哈瓦那是古巴的首都，亦是該國政治、經濟、文化和旅遊的中心，是加勒比海地區國家中最大的城市，當地華人舊時將其稱為「灣京」或「夏灣拿」。哈瓦那分為「新城」與「舊城」，前者充滿現代化的元素；後者則是西班牙殖民統治時期的重要基地，更有「世界古董車博物館」之美稱。除此之外，城內至今仍保存一些軍事城堡──頹圮斑駁的殖民式建築，象徵昔日繁華的古董車，革命英雄滿腔熱血的意象，迷媚奔放的古巴頌樂，哈瓦那的一切在城間流竄，匯集舊時代的美好與凋零。

○ 熱帶花園歌舞秀 Tropicana

白天是茂密綠意的熱帶花園，夜間搖身一變成為充滿衣香鬢影的貴客與風情萬千的歌舞女郎的奢華舞廳，這座大型的夜總會於一九三九年開幕後迅速成為哈瓦那上流階級夜夜狂歡享樂的夜總會。台上的歌手身著亮麗禮服、唱著經典樂曲，不禁讓人遙想昔日古巴曾經紙醉金迷的繁華時光，也漸漸成了古巴最代表性的表演。

椰子計程車 Coco Taxi

九〇年代因經濟不景氣出現的交通工具，類似東南亞嘟嘟車，搭乘造型特殊、色彩鮮豔的椰子計程車遊覽市區；大量的咖啡廳、餐廳、飯店興起，巴洛克、摩爾風格的建築依著海岸而建。

西恩富哥斯 Cienfuegos

西恩富哥斯是一座位於古巴海岸南部的城市，更是古巴主要外貿港口之一，她曾是蔗糖、芒果、咖啡及菸草的商貿中心，整齊的棋盤式街道、典雅的廊柱及新古典主義的建築，讓這座城市被稱為「古巴南方珍珠」，並在二〇〇五年被聯合國教科文組織（United Nations Educational, Scientific and Cultural Organization，簡稱 UNESCO）列為世界文化遺產。

千里達 Trinidad

千里達是位於古巴中部的一個城鎮，凹凸不平的鵝卵石街道、陸離斑駁的牆漆、西班牙式的殖民建築成為了古巴最迷人的「露天博物館」，於一九八八年被列入世界遺產名錄。千里達現今的經濟來源主要仰賴菸草製造，而保存下來的古老城鎮風光則成為當地的旅遊特色，亦為千里達帶來了可觀的經濟效益。千里達沉睡了近兩世紀，彷彿是一座被時間遺忘的城市，其質樸與自然的韻味令人忘卻都市裡的浮華，捲進時光的漩渦享受靜謐的生活。

巴拉德羅海灘 *Playa de Varadero*

巴拉德羅長達二十公里的雪白沙灘、湛藍清澈的海水、沁人心脾的海風吹拂、豐富的綠色植被及美麗奇特的海底珊瑚令人醉心，這座度假天堂風光旖旎彷若仙境，年年吸引著來自世界各地的旅人一訪，盡情放鬆身心度過愜意悠閒的渡假時光。

聖塔克拉拉 *Santa Clara*

「革命之都」聖塔克拉拉是古巴交通運輸上的重要轉運站，亦是革命英雄切．格瓦拉（Ernesto Che Guevara, 1928-1967）的長眠之地。切．格瓦拉出身於阿根廷的醫學系，他懷抱著推翻古巴獨裁者巴蒂斯塔（Rubén Fulgencio Batista y Zaldívar, 1901-1973）的理想，率領游擊隊員在此打勝一場決定性的戰役，為古巴革命最後的勝利立下了不朽功勳。

瞭望山莊 *Finca Vigia*

瞭望山莊位於哈瓦那市區以東，是世界文豪海明威（Ernest Miller Hemingway, 1899-1961）在古巴的故居，海明威夫妻在瞭望山莊中共度長達二十一年的歲月。整座山莊氣派優雅，偌大的洋房內有超過八千本藏書，隱匿在花木扶疏叢林間的游池、寬敞的網球場及遼闊的芒果園，停泊愛船畢拉爾號（Pilar）的科西瑪漁村（Cojímar）都成為筆下的一景一物。

DE CUBA

五分錢酒館 La Bodeguita

這裡曾是文人雅士聚會的首選地，許多詩人、文學家都是座上賓，調酒師熟練地調製海明威生前最愛的莫西多雞尾酒（Mojito），清涼的薄荷香氣瞬間竄出，十分清爽，而吧檯擺放由海明威提筆寫下的「My Mojito in La Bodeguita.」也意外成為酒吧聲名大噪的原因。

佛羅里達酒館 El Floridita

佛羅里達酒館最初僅為美國人赴古巴的後花園，後因二十世紀初調酒師發明以蘭姆酒、檸檬汁、糖水及冰渣混合調製而成的雞尾酒而聞名，清新爽口的黛綺麗（Daiquiri）也讓大文豪海明威為之癡迷，因此酒吧更在海明威的專屬座位放置手靠吧檯、微微傾身的銅像，也成為酒吧另類的招牌。

REPÚBLICA

重生與復甦

蘇蘇

二十五年前剛進入旅遊業時被稱呼為「小蘇」，後來身旁的戰友改稱她為「明芬」。現在大家都叫她「蘇蘇」，是個可以信賴、可以談心，一起瘋、一起狂的領路人！

自小便堅定地選擇這個可以走遍世界的職業。就讀旅遊科系、訓練自己可以秒睡秒醒、學習語文……都是在為這個行業做準備！對於巨蟹座的她而言，工作和放假都是旅遊！

用心感受這個偉大的地球，謙卑地做一個大地的過客，盡能力去幫助有緣分的人，分享這個美麗的世界！

想念那片有著蒂芬尼藍的海洋
跟像糖霜一樣綿密的白沙灘，
那街頭巷尾無處不在的音樂
跟隨著音符舞動的人們，
還有空氣中瀰漫著的菸草味，
以及酒吧裡香甜好入口的莫西多雞尾酒。

對於一個像我這樣一踏出校門，就一頭栽進了旅遊業，第一年的領團工作累積將近兩百九十天的人來說，這麼多年以來，我從來沒有想過要換工作，自己也認真覺得，這世界上再沒有一個比旅遊業更適合我的工作。但是這三年新冠的疫情，我天天在破自己二十一歲以來的紀錄，從半個月沒出過國，到一個月，接著半年過去了，最後竟然到了兩年，並且之後還在持續著。

在這期間，許多同樣熱愛旅遊的朋友們常會聊到，如果這個世界讓我們可以再度平安而自由地飛翔時，我會最想去哪裡？我的回答絲毫沒有猶豫，我想再去冰島看極光，到南美巴塔哥尼亞（Patagonia）去欣賞雄偉壯麗的自然風光，然後去歐洲悠閒的搭乘河輪，在古老的城市散步，還要去日本好好地逛街、吃遍日本料理！

然而，這些都還是不敵我對古巴的想念，我想念那些友善的人們，不管生活與環境如何，但臉上總是掛著真摯的笑容。

我也想念那片有著蒂芬尼藍的海洋跟像糖霜一樣綿密的白沙灘，那街頭巷尾無處不在的音樂，以及跟隨著音符舞動的人們，還有空氣中瀰漫著的菸草味，以及酒吧裡香甜好入口的莫西多雞尾酒。

我在疫情蔓延時，奢侈地向宇宙許願，然後我的偶像——也是我的長官 Eric——像是宇宙派來送禮物給我的，他送給了我一趟古巴的旅程。不僅如此，他更送給我八個像天使一樣的貴客同行。在旅程中

LA BODEGUITA
DEL MEDIO
EVERY DAY

他們充滿歡樂與正能量，隨時享受在旅行的當下，在清晨時的老城捕捉光影，在魔幻藍的天色下拍攝老城的前世今生，他們總是隨時隨地用他們細微的觀察力，捕捉著每個精彩的瞬間。

多才多藝的他們在大樹下借用街頭藝人的吉他與鼓一起歡唱、一起舞蹈，時時刻刻互相關愛，樂於分享，不只是對我、導遊與司機，更對路上可愛的孩子和慈祥的老人也展現了熱情！

367A
asics

我是個很幸運的人，在旅遊業重啟之時，有這麼一群天使再次提醒我旅遊的本質，不去評論環境、不去批判社會政治，全然融入其中，感受不同的文化、人種、習俗，享受音樂、自然及飲食，然後帶著這些經驗及路上收集的故事，我們回到自己初始之地，成為一個說遙遠加勒比海古巴故事的人。

蘇明芬的夢想清單

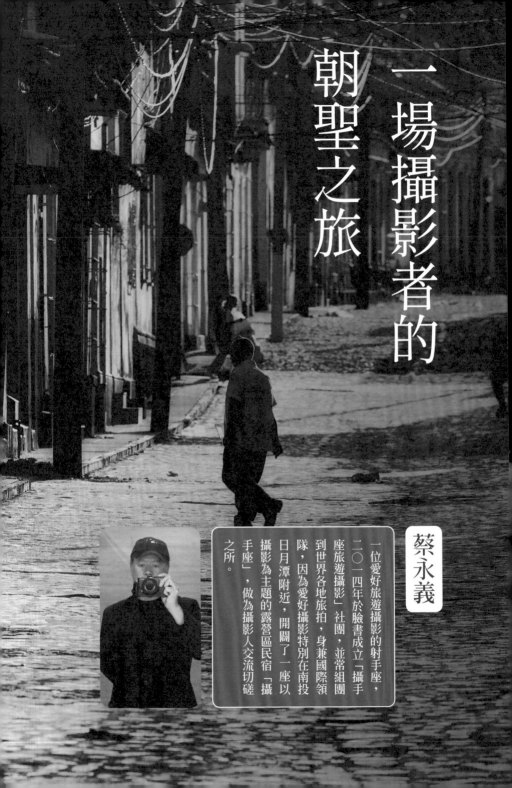

一場攝影者的朝聖之旅

蔡永義

一位愛好旅遊攝影的射手座，二〇一四年於臉書成立「攝手座旅遊攝影」社團，並常組團到世界各地旅拍，身兼國際領隊，因為愛好攝影特別在南投日月潭附近，開闢了一座以攝影為主題的露營區民宿「攝手座」，做為攝影人交流切磋之所。

人總是在不斷探索中成長，
特別是異國文化風情，
新鮮的人事物會自然打開攝影眼，
一切都是那麼順其自然、手到擒來。

古巴一直是我想去的攝影國家之一，邁入知天命之年，不再列什麼夢想清單了，說走就走，原本想來趟雙人自由行，重拾背包他鄉作客，但考慮到獨樂樂不如眾樂樂，而且古巴還是共產國家，萬一被抓去勞改，失蹤個幾年都沒有人知道……哈！於是約了幾對志同道合、貌合神離的夫妻同行，但是樹多有枯枝，人多有白癡！為了能夠有個完美行程，便請了專業的旅行社為我們量身訂做。

古巴街邊鮮豔可愛的計程車。

夢想之旅的起點

導遊蘇蘇的名字是領隊群組裡的菜市場名，但我們卻看到了百貨公司的品質。因為我本身也是國際領隊，標準相對較高，看她全程無微不至地照顧、解說、搞笑，不禁感慨：「不愧是長程線的老江湖」，旅行社的滿意度調查表對她根本是一種汙辱，直接奉上五顆星。值得一提的是，這一趟行程基本上蘇蘇是跟我們玩在一起的，看她玩得比我們還開心，我就知道跟對人了，只有生性熱愛旅遊的人，才能不辭辛勞且熱情地全心投入工作，懂玩的人才能帶你到對的地方，就像懂得攝影的人，才能在對的時間、對的位置按下快門。

古巴是個好起點，如果真有一串旅遊夢想清單的話，就從這裡開始吧！

邁向欣欣向榮的未來

維克多（Victor）是我們這次行程的地陪導遊，在古巴能說中文的導遊不多，他曾公費到中國湖南讀書，腔雖不圓，但意思都有到位。拜他忘了帶鑰匙所賜，我們得以陪同到他家裡參觀，雖處巷弄內環境卻不錯，屬中上階層，我猜測是因為接觸旅遊業，觀光客給的一次小費就抵得過他好幾個月薪水。

聊天過程中，他提到過世的母親時有些許感慨，共產主義下的糧食分配，常會朝不保夕，小時候他母親總有辦法在家裡角落變出罐頭之類的食物應急，「一粥一飯，當思來處不易；半絲半縷，恒念物力維艱。宜未雨而綢繆，毋臨渴而掘井。」這不正是《朱子家訓》的古巴版嗎？我們都有艱辛的童年往事，但也造就了堅強的未來。只是糧食不均的問題在古巴還是存在，聽得出他頗有怨言，網路開通的現今，資訊發達摧毀了平常心，比較之下必有失落。

儘管共產主義的古巴處於經濟困境之中，全國約有一半人口普遍貧窮，但是對教育卻相當重視，該國的教育花費占中央財政預算的百分之十，政府規定孩子從六歲開始必須入學至十六歲為止，之後可按選擇進修，所有大學和進修學院都是免費的，並且提供書本和食宿津貼。

因為職業關係，每次到一個國家，我都會特別留意一下教育狀況。聽說學生們日漸競爭要進入大學，因此私人輔導課程普遍存在，「個體戶」老師成了熱門職業，為孩子報課後輔導課的家長更是不少，由此看來補習班文化放諸四海皆通行。

在古巴每十四個人中就有一個是大學畢業，整體來說，古巴已經脫離了文盲社會，人才是社會發展的動力，兒童是國家未來的主人翁，古巴欣欣向榮的面貌指日可待。我們衷心地希望在古巴像維克多這樣的有為青年，能夠眾志成城改變未來、心想事成。

國營餐廳的悲歌

旅遊過程中美食是加分的必要條件，遍嚐各地美酒佳餚也常是很多人的夢想清單，我來到古巴前還帶著一顆忐忑不安的心，畢竟對於還在領糧票的共產國家很難有什麼期待，所幸旅行社的費心安排，讓人出乎意料地滿意。

觀光是古巴政府不可或缺的財政收入，而食宿又是最大宗產業，民不與官鬥眾所皆知，政府擁有龐大資源，幾乎是一手掌握，也因此開出了一些北韓式空有其表的國營餐廳，裝潢有到位，一上菜卻蒼蠅滿天飛，服務員也見怪不怪、若無其事，連助興樂團表演的〈關達那美拉〉（Guantanamera）也有氣無力。還好旅行社只象徵性地安排幾家，只得安慰自己——就當作景點參觀吧！

紅色閃電

近幾年開放私營後餐廳便紛紛崛起，初嚐資本主義甜頭的業者無不絞盡腦汁全力以赴，要用各式美味佳餚填滿遊客的胃，也要把外幣填滿自己的口袋，有競爭才會有進步，壟斷是社會主義缺乏動力的最大絆腳石，這「國營＝公務員＝鐵飯碗＝得過且過」的觀念其實臺灣人並不陌生啊！

在古巴旅遊的過程中一直心情愉悅，唯獨對一件事耿耿於懷，那就是二〇一三年世界棒球經典賽，古巴隊在洲際球場以七比一擊退臺灣隊，讓臺灣無緣晉級，前進東京夢破碎。

從我對棒球有印象開始就知道古巴隊實力堅強，自一九九二年巴塞隆納（Barcelona）奧運開始，古巴連續五屆參加，拿下三金二銀，世界盃棒球賽也蟬聯了九屆冠軍，由於古巴國家隊的代表顏色是紅色球衣，因此有「紅色閃電」之稱。

古巴棒球的強勁不是土法煉鋼，而是很科學的，哈瓦那大學（Universidad de La Habana, UH）研究出古巴人的手腕超強，天生適合打棒球，加上古巴前總統卡斯楚（Fidel Castro, 1926-2016）對棒球的熱愛眾所周知，對國內棒球實力的培訓更是不遺餘力；任何賽事只要國家重視，就能成為全民運動，上行下效，從民間小朋友的遊戲就能看出端倪。

他們的血液中有音符

平常不太追劇的我，前陣子卻被一部韓劇《男朋友》（남자친구，2018）吸引住，主要原因還是男主角在異國風情的街拍攝影，而這異國正是古巴哈瓦那，拍攝地除了舊城區之外，就屬馬雷貢（Malecon）濱海大道最浪漫，這條路全長約八公里，緊貼著加勒比海（Mar Caribe），大道前身是西班牙人建的堤防，而堤防的西班牙語正是「Malecon」。

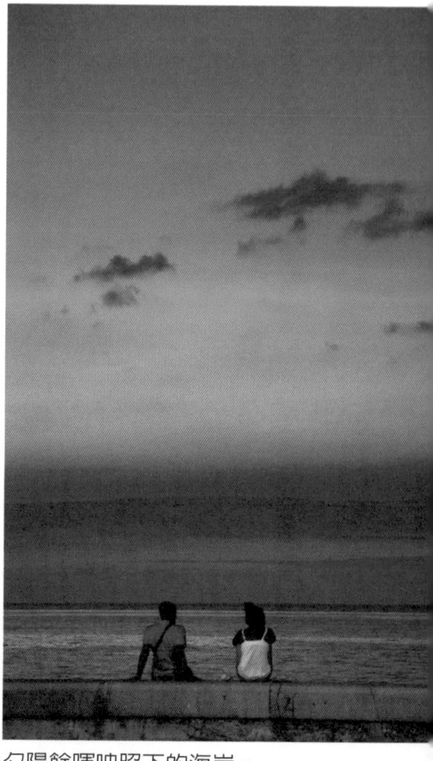

夕陽餘暉映照下的海岸。

想要暢遊這條酷似《邁阿密風雲》（*Miami Vice*, 2006）的渡假勝地，最好的方式就是搭古董車。原因又是另一部大戲：《玩命關頭8》（*The Fate of the Furious*, 2017）。劇中的車子自然而然是古巴著名的古董車，看著唐老大開著五、六〇年代的古董車在街上展開追逐戰，來到此地怎能不跟風一下，

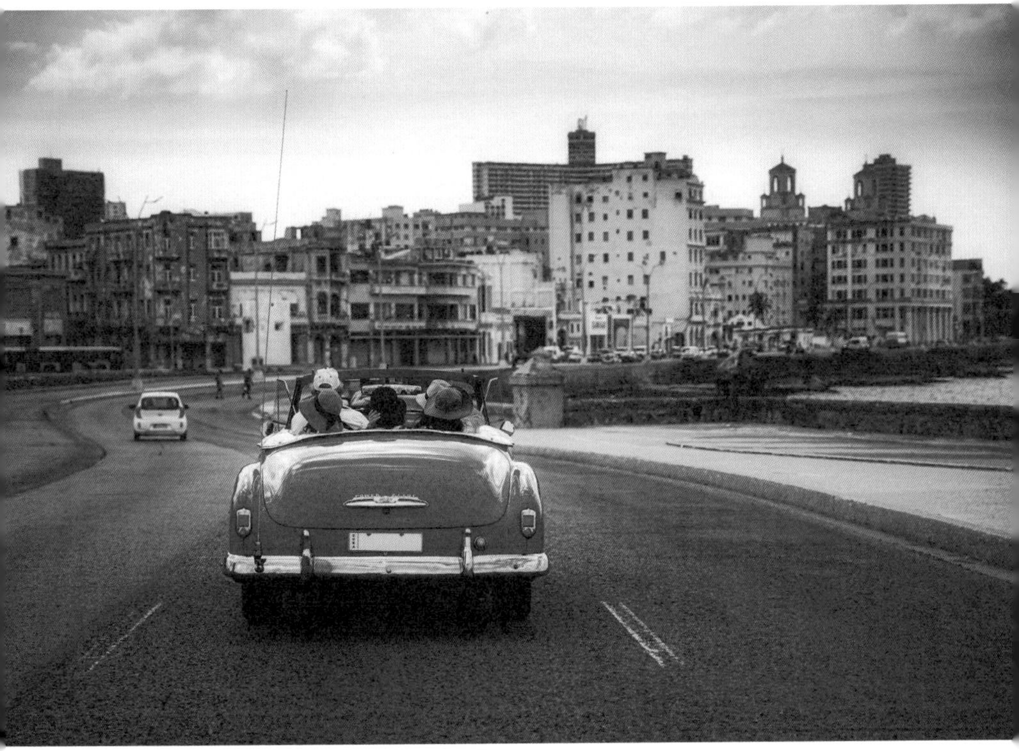

乘車慢慢遊覽吧！

但實際狀況是古董車主惜車如命，沿路時速大概不會超過四十，少了飆速感，但也增加了細細品味沿途風景的機會。

由於夏令時間的關係，古巴天黑得特別慢，慢到你吃完晚餐都還來得及拍照，濱海大道是個幫助消化的好地方，消化思緒也消化記憶卡，想像五百年前哥倫布的登陸與西班牙殖民，想像蔗糖與釀酒的邂逅，以及點一支雪茄讓菸葉燃燒、讓香氣圍繞……。

如果說餐桌旁有人拉著小提琴助興那叫浪漫，那一整組樂團演奏就叫熱情，來古巴最開心的事莫過於到處都有熱情的音樂陪伴，餐廳、公園、海邊、甚至是在大街小巷。人類是感官動物，我相信在多年以後，能夠喚起我對古巴回憶的東西，除了照片大概就是音樂了。

古巴音樂是西班牙民族音樂和黑人歌舞文化的混合產物，古巴人的血液裡跳動著音符，每個人都是天生的歌者舞者，他們生活在輕快的頌樂（Son）旋律裡，用倫巴（Rhumba）談戀愛、用騷莎（Salsa）社交、用熱切的康加鼓節奏與神靈溝通。

樂天知命的古巴人或許沒有想那麼多，一支釣竿抿江湖、一曲騷莎笑蒼天。為何說古巴人樂天知命，因為騷莎皆源於傳統的古巴頌樂，它是一種源自於奴隸的樂曲，當時黑奴制度下苦中作樂的產物。

我再度望向海邊，直到天色慢慢地變黑。

海邊的娛樂可以很隨興，一人一種樂器就可以來一首〈關達那美拉〉。樂器仍以古巴傳統打擊樂器為主，如沙鈴、響棒、康加鼓、邦哥鼓等。一名陶醉其中的演奏者，熱情地邀約我加入，可惜我的相機只會發出快門聲，實在引不起共鳴而作罷。

城市雕塑之美

哈瓦那就像是一座藝術博物館，城市的角落，立意新穎充滿視覺衝擊的雕塑作品不少，這是古巴現代的一面。

坐古董車經過濱海大道的一個小廣場時，很難不發現一尊非常震撼的鐵藝雕塑，她名為《春天》（*Primavera*），是由古巴雕塑家聖胡安（Rafael San Juan）在二〇一五年為紀念古巴婦女精神而創作的女性半身像。整個雕塑高度相當於兩層樓，由無數個立體小鐵片組成，頭上戴著插滿鮮花的皇冠，帶著強烈的渴望表情凝視著前方。

而位於古巴哈瓦那的聖卡洛斯山頂上，有一座二十米高的耶穌雕像，是古巴雕塑家吉爾馬・馬德拉（Jilma

雄偉的耶穌像。

Madera）的作品，俯瞰海灣，也守護著城市，我得用超廣角鏡頭才有辦法近距離拍下。引人津津樂道的是雕像的肢體語言，右手舉起靠近下巴，似乎抽著雪茄，而左手靠近胸口又像是端著一杯蘭姆酒，十足古巴風，都可以當古巴代言人了。建築設計如果接上地氣，肯定能留下傳奇，當然這應該是當地人詼諧的想像，原創或許沒有這個意思，但傳說始於相信，藝術如大海能納百川，加油添醋無傷大雅。

這些放在公共區域的雕塑品，一方面增添了城市的美麗。同時也潛移默化地提升了民眾的藝術涵養。它能帶給內心共鳴和震撼，這對自由條件不夠的古巴來說，如甘霖般的滋潤心靈，是另一扇生命的窗口，我想《春天》所凝視的前方，不只是渴望、需求，也是對未來的一種希望。當古巴人在哈瓦那城各個角落，抽雪茄、喝蘭姆酒時，心中應該都會不經意地說一聲「阿門」吧。

徒步是最好的記錄方式

對愛好旅遊攝影的朋友來說，古巴無疑是個天堂，這也是讓我們繞過半個地球、不辭辛勞遠道而來的原因。被列入世界文化遺產的首都哈瓦那，到處都是過去西班牙殖民時期建築，濃郁的色彩氛圍讓人百拍不厭，搭配晨曦的色調、光影變化，整座城有如進入新海誠的漫畫世界裡。

喜歡攝影的旅人相信會對古巴的街道留連忘返，徒步是最接地氣的街拍方式，你永遠不知道轉角會遇見什麼，也因為未知才能帶來驚喜，而筆直的街道搭配兩旁的建築猶如行走山谷之中，特別是在晨昏時，斜射光線在色彩亮麗的牆面上留下影子，為構圖增加了更多可能性，而當地人的走動則是最佳景點，耐心等候通常會有

上：美如畫的古巴街景。
下：一個轉角可能就會遇到一台腳踏車。

意外收獲。人總是在不斷探索中成長，特別是異國文化風情，新鮮的人事物會自然打開攝影眼，不用擔心要拍什麼，更不需安排擺拍，一切都是那麼順其自然、手到擒來。

當地古巴人非常友善，近拍遠攝基本上並不排斥，戰地攝影師羅伯．卡帕（Robert Capa, 1913-1954）曾說：「如果你照片拍得不夠好，是因為你靠得不夠近。」，走進巷弄接近人群是不二法則，但有時為了展現空間的壓縮感，或者避免打擾到被攝者的作息，長焦段鏡頭也會派上用場，因此一機三鏡基本上是我的標配，坦白說並不輕鬆。

房子的影子斜照
在牆面上。

但是我常會想起桃花源記中捕魚為業的武陵人。「緣溪行，忘路之遠近。忽逢桃花林，夾岸數百步，中無雜樹，芳草鮮美，落英繽紛，漁人甚異之。復前行，欲窮其林……」好奇心是攝影的原動力，每一趟旅行我們何嘗不是在尋找心中的桃花源，樂在其中就不會覺得辛苦，把握當下，下一次再來你不一定能找到入口——「尋向所志，遂迷，不復得路。」

古巴之旅除了哈瓦那之外，一定不能錯過世界遺產城市「千里達」（Trinidad），五百年前西班牙殖民者踏上了這塊土地，將其取名為「聖城千里達」（Villa De la Santísima Trinidad），隨著蔗糖及菸草的發展，為這座城市注入了生命。

經過了五百年的洗禮，這座城市本身就是一個博物館，從市長廣場開始，濃郁的殖民氛圍跟西班牙建築，是最吸引人的攝影題材。面積只有幾個街區，古老的千里達有可愛的鵝卵石街道、彩色房子、以及雄偉的宮殿和教堂。可以坐馬車快速遊覽，更適合步行慢慢品味。

建議在這裡至少住兩晚，最美的黃金時刻便是：清晨融入當地作息，看著學生上學、跟隨居民上街，傍晚循著夕陽餘暉找一家餐廳休息用膳，用拉丁的音樂陪著夜幕低垂，最後再從鵝卵石的街道漫步回飯店，而這些過程當然都少不了快門聲。

這是行程中我最喜歡的一張照片，位在世界文化遺產千里達古城，建於一八一二年的聖安娜教堂（Iglesia de Santa Ana），可惜教堂嚴重破損，現已變成一座廢墟，剩下門口的一面孤牆

長長街道有長長的水痕蔓延。

矗立的聖安娜教堂。

矗立著，有點類似澳門的大三巴牌坊（Ruínas de São Paulo），但是沒有流水商店也沒有賭客穿梭，靜默著就像是被上帝遺忘的殘風敗燭。

然而這一天卻被夕陽的斜射光線喚醒了，暖洋洋的光線灑在牆面，加上熱帶島嶼夏季經常有的午後雷陣雨，東邊一整片烏雲籠罩，有了冷色調當背景，更突顯出教堂的黃橙亮麗，彰顯出十八世紀的古城味道，我特別商請載我們的馬車移駕到門口，按下快門的同時，我似乎又聽到了教堂傳來的悠揚鐘聲……。

一個包容和諧的世界

古巴有三大農作物：菸草、蔗糖與咖啡，當地著名的蘭姆酒就是用蔗糖經發酵及蒸餾後製作而成。仔細觀察，糖在古巴人生活中占了極重要的地位，作為甘蔗大國，免不了有鐵道運輸系統，這對在臺灣長大的我們來說並不陌生，小火車也曾是許多人的童年回憶，千里達甘蔗谷的火車不只運甘蔗，在當年也是為了運送大量來自西非的黑奴而建造。

來古巴前，我對黑人奴隸的印象，依然停留在電影中美國的南北戰爭，一大片棉花田跟令人不堪入目的種族對待。直到打開古巴的神祕面紗才驚覺，早在十七世紀時西班牙人就把西非的黑奴送往中美地區，其中古巴所占的比例最高，進入十八世紀後，數字已經超過三十六萬人。

主要是因應砂糖的生產及採礦需求，要有源源不絕的勞動力，直到一八八〇年代，古巴才實現完全廢奴，可想而知這段「黑」歷史也是血淚斑斑，如今走在古巴街頭，黑人依舊不在少數，但從幸福快樂的眼神中，已經看不到先人艱險求生的風霜。

甘蔗谷（Valle de los Ingenios）距離千里達約十二公里，因當地曾有近五十家糖廠而聞名，目前則因應觀光保留了部分製糖工廠。聳立於甘蔗谷內最高的建築物就是塔樓，約有四十三點五公尺高。爬上制高點可眺望整個甘蔗谷，當初的主要用途是監視園內工作的黑奴防止逃跑，這種高塔讓人直覺地聯想到監獄的制高點，只不過少了探照燈跟步槍。

現今的高塔變成了景點，讓遊客可以登高望遠欣賞美景，由於樓梯很陡斜，我決定留在地面跟賣蕾絲的小販殺價周旋，順便拍幾張以下犯上的不同構圖。

火車站則位於千里達舊城區的南邊，從主廣場步行到此，大約一公里多。我們為了方便瀏覽城區，搭了馬車過來，火車站小到沒發現，倒是看到幾列退役的車體擺臥在鐵軌上，鏽痕斑駁、老態龍鍾，幾位當地小孩在列車上熟練地嬉戲追跑，不客氣地盡情擠壓火車僅有的剩餘價值。

其中一位小朋友把家裡的羊也帶來了，綁在鐵軌上吃草。我請他吃糖，然後拍下幾張照片，這裡的羊不用擔心狼來了，這裡的火車也不再有販賣黑奴的人遠道而來……

走在古巴街上，常會碰到當地人對著我說「空尼基哇」（こんにちは，日語的「你好」）。大概是因為他們難得看到黃種人，所以誤以為我來自日本，直到解釋是從臺灣來的，才改口說「你好」。對於他們知道臺灣我也覺得相當訝異，沒想到臺灣的知名度在中南美洲也吃得開，大概是處境相同吧！

由於古巴的人口組成較為複雜，西班牙人率先發現古巴後，部分人種與當地人通婚，後來又引進了非洲的奴隸，經過漫長的融合，混血的孩子在這裡十分常見：有黑人、白人，黃種人則較少。所以種族歧視並不普遍，人種之間沒有禁忌，盛行互相通婚，既沒有給白人特權，黑人也並不低人一等。在社會的大環境裡，我看到的是一個包容和諧的世界。

聽說用了幾十年的黑人牙膏近年已經改了名字，我們不再有刻板印象。「黑人的牙齒就會特別白」是一種先入為主的反差意識，人人生而平等，如同林肯（Abraham Lincoln, 1809-1865）在一八六三年發表的《解放奴隸宣言》（*The Emancipation Proclamation*）：「如果奴隸制度沒錯的話，那就再也沒有錯誤的事情了。」

海明威的啟示

《老人與海》（*The Old Man and the Sea*, 1952）為何能得到諾貝爾文學獎的青睞？海明威（Ernest Miller Hemingway, 1899-1961）又為何成了古巴的傳奇人物？

這趟旅程除了一睹他當年釣馬林魚的港灣，也到訪了他寫作的住所、常去的酒吧……我試著在這些景點尋找一些小說裡的蛛絲馬跡。海明威帶給古巴人的當然不只是這些景點帶來的觀光經濟效益（雖然有點事後諸葛，但這些景點確實很熱門），我覺得最重要的是海明威透過悲劇英雄——老漁夫聖地雅各（Santiago）的奮戰不懈、堅持到底，讓古巴人產生同感。挫敗雖然不可避免，人生的悲哀即使難以擺脫，但若要超越有形的悲

海明威的故居。

劇，贏得精神上的最後勝利，唯有憑藉友誼、大愛、忍耐、勇氣和決心。

海明威曾提到其寫作採用了「冰山手法」，只呈現水面上的八分之一，剩餘的部分留待讀者探索玩味，《老人與海》將此手法發揮得淋漓盡致。如果單看小說的簡潔短句、白話用語、平凡敘述，那只是水面的八分之一，大概跟古巴漁村的日常一樣平淡無奇，但如果能夠靜潛深思，就能瞭解小說所蘊含的偉大象徵意義：「人可以毀滅，卻不能挫敗。」

海明威的臥房。

海明威的書房。

國花野薑

在臺灣溪邊經常聞到一股濃郁的自然花香，有水的地方就容易群聚生長，那是生命力極強的野薑花，沒想到它竟然是古巴的國花。

散步在哈瓦那老城區的街道上，我被這種熟悉的香味吸引，但卻不見小溪只見窗台街景，原來它成了當地居民小本生意的一員。一開始只是想用相機拍下這一刻的清香，但古巴人的熱情難以推辭，與小販一陣比手畫腳後，最終還是買了一束來見證古巴情緣。

野薑成為古巴國花是何種原因或者典故不得而知，但它強勁的生命力是我親眼所見，相信它可以在中南美洲持續的散發誘人香氣。

攝影與旅行的火花

攝影行程規劃有很多元的選擇，而個人偏好隨遇而拍的即興方式，有種冒險尋寶的成分存在，獵影驚喜常能夠加深旅遊印象，不同於刻意安排、按表操課，更容易訓練攝影眼的養成，陌生的國度、不同的文化、精彩的人文最容易激起火花，如果您也喜歡拍照，如果想要找一個遠得要命王國，古巴是個好選擇。

蔡永義的夢想清單

立下探索之旗

林麗玲

今年五十五歲，熱愛家庭與工作，喜歡嘗試各種活動，舉凡旅遊、登山、學習……。

因為頭腦簡單所以生活也單純。

有句名言說：「身體和靈魂至少有一個要在路上。」所以常同步做兩件事，讓身體和靈魂最終能交集、匯聚豐富人生。

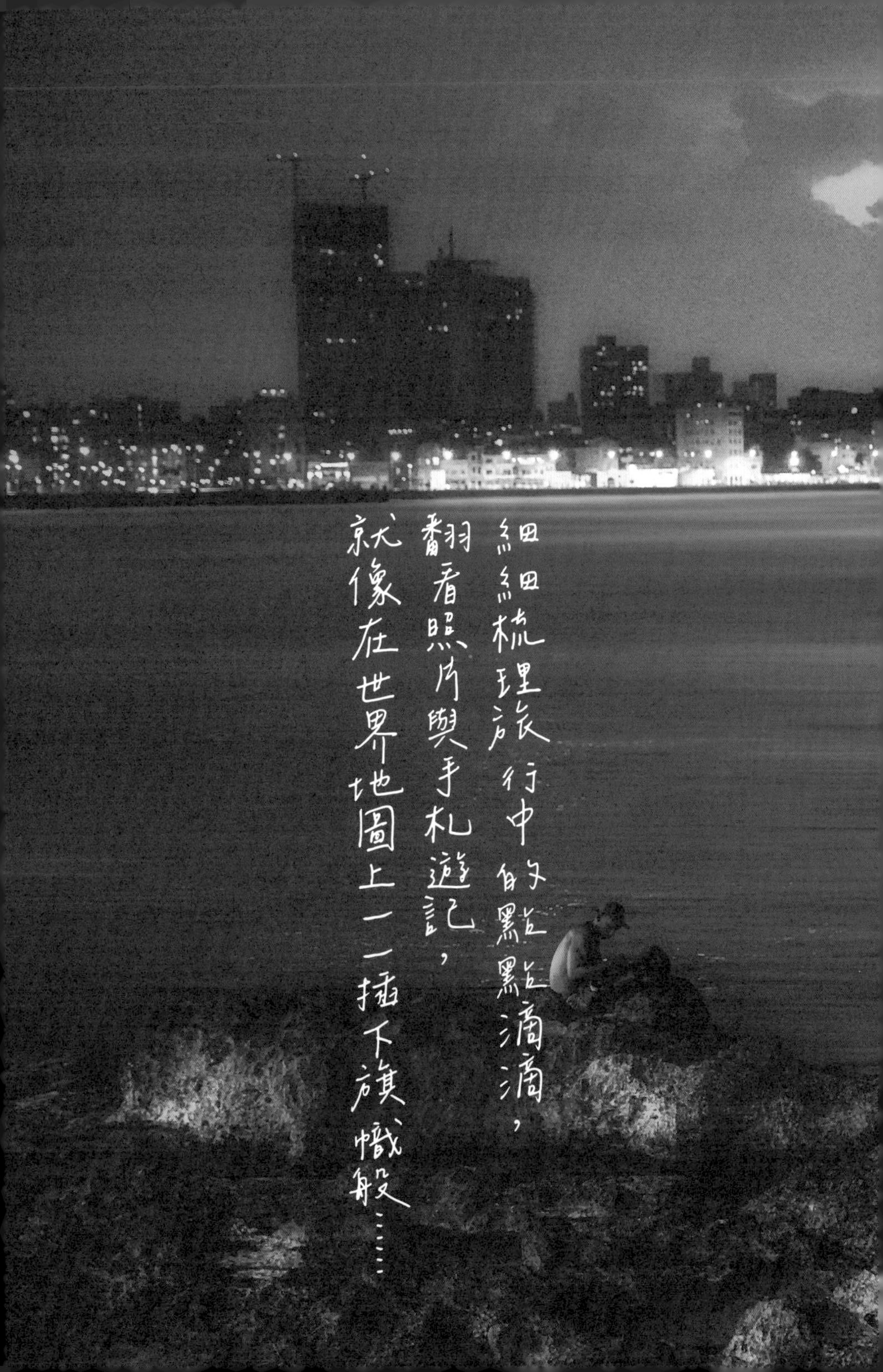
細細梳理旅行中的點點滴滴，
翻看照片與手札遊記，
就像在世界地圖上一一插下旗幟般……

世界

這麼大，該先往哪個方向插下旗子呢？

有些國家遙不可及，但我從來沒有對地點設限。對我來說，認真工作也要對自己好，旅遊是獎勵自己的其中一種方式。我常瀏覽眾多旅遊達人的影片、相片，一方面吸收新資訊，二來也是評估前往的可行性，隨著年齡增長，渴望探索的欲望漸漸高漲……。

我打開「人生必去的清單表」逐一審視，就這個吧！古巴！

據說古巴是個浪漫又熱情的國家，我對她的認知是：在世界棒球盃場上號稱「紅色閃電」，是棒球界的強權。

那裡實際又會是如何呢？就讓我前進古巴，一探虛實吧。

溫暖的風土民情

古巴和我想的大大不同。

經由少數旅遊節目及部分新聞報導，我所知的訊息不多：古巴是世界唯五的共產國家，提到共產國家，我腦中浮現的影像有：北韓總是激動、憤慨表現的新聞主播，或是像早期的中華人民共和國，人民眼神呆滯、甚至要吃樹根，生活十分困頓。因貧窮到處都有乞討者，可能比印度情況還令人難過也說不定。

出發前我在行李箱內塞了幾碗泡麵，深怕會餓著。還多放了些臺灣零食，如：統一科學脆麵、濾掛咖啡、高山茶、花生、餅乾等，才安心地扣上行李箱。還好有蒂芬妮藍的行李束帶穩穩封住隨時可能爆炸的行李。事

古巴的豐盛菜餚。

實證明是我杞人憂天了。在被餐餐龍蝦、牛肉、麵包、水果、飲品等填滿後，我已無力消化民主社會的產物。

路上的店家林林總總：

走過會錯過的小小美甲店、沒有亮眼的招牌、霓虹燈，「美麗的事物」對女生總有很大的吸引力。我們微笑點頭，櫥窗裡的美甲師持續著手上的動作，穩穩地將一小小的亮片沾起放在指甲上，目注心凝地完成動作。

路旁的修鞋匠有著纖瘦的骨架、黝黑的皮膚、結實的手臂，更有著明顯的肌肉線條，匠師低頭為人修繕皮鞋，見我們拍照也並不介意，只問有沒有菸能與他分享。他點上菸，一邊吸吐著，一邊將手中的針線來回上下拉扯……是位知足的修鞋匠。

路經髮廊，裡頭的美髮師注意到了我們好奇的目光，她親切地用眼神示意可以拍照，也協助說服客人一同入鏡，可惜那位害羞的女孩遮住了臉咯咯笑著。真是位天使般的家庭美髮師。

各種交通工具於道路穿梭，亮眼又繽紛的古董車呼嘯街頭。餐廳、酒吧到處林立，熱情奔放的騷莎舞曲，讓人身體不由自主跟著扭動起來，有種融入其中無法抗拒的吸引力。我步行於各巷弄之間，可能因為古巴人天生熱情，眼神對上時，總以笑容回應，我用一句「Hola」（你好）表達善意，他們也都像回音筒一樣友善呼應，可見此處人們的純樸善良。

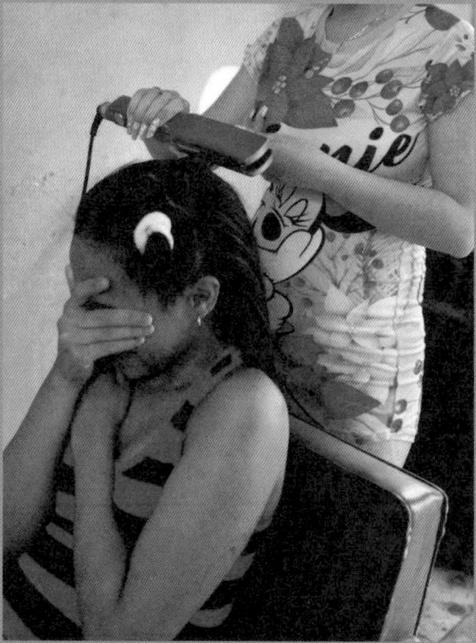

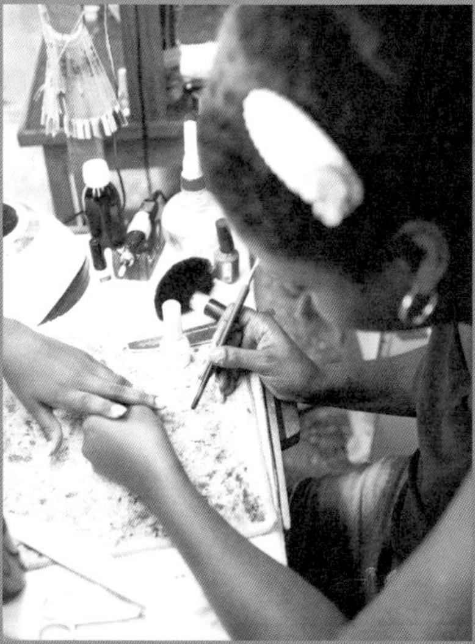

左：髮廊裡的害羞女孩。
右：美甲師正小心翼翼地為客人裝飾指甲。

知識就是力量

有這麼一句話：「信我者得永生！」

在出發前，凡得知我目的地是古巴的友人，都流露懷疑的眼神或是驚訝的表情，難道也有人和我一樣不知道「古巴」在哪？

跟著老公去旅拍，我的工作是打包自己的行李，其他相關護照、機票、接送車安排，我一概不用準備，跟著走就好，行程中要留意的，只有服裝顏色、帽子、傘、絲巾等這類拍照搭配小物。我用完全信任的方式享受、體驗每次旅行帶給我的驚喜與收穫。

古巴人民是不是也都是採用完全信任這樣的方式呢？從古巴革命領袖卡斯楚改革以來，他希望帶給人民均等、均享、共有、共享的社會結構，沒有人民哪有國家，政府知道人民需求，人民也積極配合，成為富強、幸福的國度，是他的理想信念。

飛機上鄰近而坐的青年說：「世界是不斷前進的巨輪，全世界都在改變，而這些改變也讓大家更好。為什麼我的國家思想保守呢？現行很多政策已不符合現代，政府卻依然墨守成規，以管窺天，不敢也不想改變，叫我們如何相信政府？若我有小孩，我不想讓他們留在這裡！留在這個沒有希望未來的地方！」

這位「憤青」領著國家給的獎學金出國留學，會四種語言，他用中文夾雜英語、西班牙語深切表達他的不滿，如果他沒唸書，也許沒機會出國看世界，國家相信知識是力量，可沒想到知識竟帶給人民反撲的力量。

信我！真得永生嗎？在這裡未必如此！

我喜歡小孩。旅行所在地只要有小孩子出現，我就會自動開啟「媽媽」的模式，在可被接受的範圍內逗他們，若見到學生，則另一個模式「老師」也會同步啟動。

古巴雖是社會主義，政府用共享、共有的方式治理人民，與世界不同調，但在「讀書受教權」

總有衆多民衆朝聖的聖安娜教堂。

爸爸騎著腳踏車載孩子上下課。

這一塊卻是值得讚許的，每個孩子都要接受教育，讀書不用錢，認真讀，國家供應你一路上大學、研究所。福利真的很好！

看到由爸媽護送到幼兒園的小娃兒，或穿著整齊制服綁著紅色小領巾的學生，提著餐袋，朝陽下穿梭在街道，這副景象和資本主義下的我們沒有什麼不同。

「知識就是力量！」這個國家正是深切體悟著這股力量的，知識可以撼動世界，期待每顆小種子在這裡個個變為一棵棵大樹，躍上舞台或成為明日之星。以商業立場來看，我倒想問問古巴：「是不是也需要補教業者助妳一臂之力呢？」

細嚐糖罐的滋味

因為參加旅行團，許多行程都早已事先安排與預約，節省了很多時間和體力，可以更有效率地走訪這個有著獨特文化，又帶點淡淡哀愁的國家。

「食物」總是旅遊中令人期待的一環，海鮮、麵食、燉飯、色彩鮮豔的調酒飲品，身為觀光客，我以為就是古巴一般的日常，尤其每日菜單選項均有龍蝦。因為是好的蛋白質攝取，為了控制體重，我幾乎餐餐點龍蝦，用各種烹煮方式，滿足天天吃龍蝦的味蕾。

在聽完領隊和導遊，介紹整個經濟和人民所得每月只有美金四十元，但我們在餐廳中總是滿桌的各式前菜，小麵包、水果；還有各式飲品、甜點，精心布置的餐桌，放上小桌燈營造用餐美學。熱情的移動式樂團為你助興，關達那美拉！喔呀喔關達那美拉！

餐餐如此，天天這般，這可是觀光客才有的福利，一般古巴人民是吃不起的，為了不浪費得來不易的食物，總要認真「完食」才對得起提供食物的人。

古巴有著「糖罐子」之稱，世界上有三分之一的蔗糖產自古巴千里達。千里達是我這次旅行中非常期待觀光的小鎮，看那整齊劃一的彩色小屋，彷彿是被濾鏡修飾過的迪士尼樂園，也像是一座靜止中的古鎮，正等待著機會翻身，也或許它想靜靜地維持現況？讓人不禁想盡快揭開這層面紗。凌晨四點，起了個大早，天微亮，備好所有裝備，期待著朝陽灑下的第一道光……。

古巴的街道十分乾淨，行人、馬車、人力車偶爾穿行於「井字」街口上，這些都是容易辨識的街景。這樣看來……我不需要使用離線地圖，也不用拍下飯店的樣子，都不需要！我就是GPS！就這樣，我追著太陽跑，往高處走，想著可以抓到第一道光，老公提醒我鵝卵石的街道會很精彩，果然金色的光灑落在鵝卵石上，像上了一層油，油亮亮的。每次跟著老公出門旅拍，好像多了一雙攝影之眼，在最好的點看到最美的畫面，增添旅行中的美好收穫。

隨著太陽逐漸升起，我加快了移動的腳步，看著街道緩步的老婦人，遠端穿制服的學生，噠！噠！噠！逆光駛來的馬車，向左看、向右看，每條街道都是一個場景，都是值得拍下的一幕。

到了該返回的時刻，我不斷搜尋著記憶中的黃色大門，牆面有淡淡斑駁的轉角應該就是返回點了，轉來轉去轉不出來……啊！我迷路了！

其實左拐第二條巷子就回飯店了，真傻呀！

幼時的甘美回憶

古巴產糖，種植甘蔗面積佔世界第一，小時候我家附近有好多甘蔗園，在我小小的心靈裡，總覺得臺灣蔗糖產量是最多的。

參觀蔗糖博物館時，勾起我那甘甜的兒時回憶。

每當甘蔗豐收期，村子裡大人們眉開眼笑的，心情特好，從我媽沒空搭理我，即可知道我有幾天好日子可過，想當然爾，「一家烤肉萬家香！」左鄰右舍的小孩兒們也是開心到飛天。

甘蔗屬國家財，小孩被告誡不得「偷」，否則「大人」會抓起來打。沒有零食的我們，怎能錯過期待已久的連日大拜拜，若沒「啃甘蔗」表示「你很遜喔！」

載運甘蔗用的是牛車，附近有牛車的叔伯們均被徵召，所有阿嬤、嬸婆們被委任煮餐食、點心，茶水供應，就連我家姐姐也賦予「傳令兵」的任務，草木皆兵，可見這是多麼盛大的活動。

牛車上載滿一捆一捆的甘蔗，將送往最近的火車站，轉運到糖廠加工，我和夥伴們要趁「大人們」不注意時跳上車尾，使勁扯開鬆動的甘蔗，再一翻身跳離牛車隊伍，還要注意腳下的牛糞，順利得手即可享用，萬一失手被抓，「大人們」也只是一頓訓誡而已，回到家那頓「竹筍炒肉絲」才可怕，聽哀叫聲即可知誰家失手，不過那一定不是我。

有人說：「童年回憶有多快樂，長大後遇到低潮時，正面能量就會多大！」

我相信。

夥伴、意外與溫暖

想更融入更貼近哈瓦那這座城市，各種方式都非常適用，就像走在城市鬧區中的眷村，既現代又有歷史。

唯獨「買日常用品」極為不易，「水」，如此平凡又日常的物品，在古巴卻買不到！

臺灣連鎖便利商店四處林立，二十四小時全年無休，再晚都會為你的生活點上一盞燈，是我們真正的好鄰居、萬事通，殊不知在這個看似熱鬧繁榮的城市裡，我們找不到賣水的商鋪，這令人驚訝！古巴連乾淨的飲水都管控著，可見在此水就像石油一般，滴滴珍貴。

旅行途中，朋友的行李箱破了個手掌般的洞，大家

左：古巴小鋪。
右：莫西多雞尾酒。

七嘴八舌地出主意，最終決定暫用膠帶封住以預防洞口擴大，問題又來了，哪裡能買到「膠帶」？就算詢問飯店，甚至亮出了美金小費，服務員也只是聳聳肩、兩手一攤，說「No！」

就這樣，我們只好如此繼續行走在哈瓦那，喝著莫西多雞尾酒，聽著關達那美拉音樂，腦中還是不停想起關於「膠帶」的事，誰說錢是萬能的，連膠帶都買不到！

「小費」是給予服務人員額外的賞金，用以表達感謝之意，此趟旅拍，旅行社非常體貼地安排每個飯店停留二至三晚，住宿飯店也位處交通便利、方便我們外出拍攝的位置。初到哈瓦那，這裡令人著迷的晨昏、街景、建築、人文等，讓每個人記憶卡爆炸。

早出晚歸，每天都有新鮮事，領隊蘇蘇和地陪維克多，一路上不斷補充古巴的歷史背景、風俗習慣、地理位置、文化特色、文學底蘊等等。我們甚至受邀到維克多家看看古巴日常的家居生活，在經驗上看得出蘇蘇的功力在維克多之上。

維克多常謙虛地請益蘇蘇，兩位堪稱此趟旅行中的最佳拍檔，帶著我們用五感來體驗古巴，在離開古巴時，不免俗地用小費致意，而蘇蘇送給他一本內有「黃金屋」的書籍，寫了什麼我不知道，但我想一定是滿滿的鼓勵與感謝。好暖心的一幕，前輩提攜後輩不分國籍，這氣度令我敬佩。

結束一日滿檔的行程，回房間已整理好的床鋪乾淨舒服，床上放著手寫紙卡，是房務人員表達祝福與歡迎之意，小小舉動熨燙了旅人的心。

「小費」換到滿滿的溫暖。旅行的夥伴「默契」，也是影響旅行完美與否因素之一。

我的這群旅伴愛吃、愛玩、愛拍照，我們陸續去過中國黃山、色達（གསེར་ཐར་／藏語拼音：Sêrtar）、

哈瓦那街景。

緬甸遊山玩水，當然也約純吃飯、「練肖話」，到底好朋友是不是真的適合當好旅伴？解鎖古巴後我就知道了。

我們從機場會合後一路屁話連篇，轉進免稅店立即自動解散，時間一到就立即會合。每站的過境，各自看包、看錶、看鞋。總是客隨主便，無購買欲的兩位友人，目光永遠搜尋著吸菸室，而吸菸室又永遠在最偏遠的角落，甚至暫停開放。每個人目標不同，但一行人就像畫圓般回到原點，然後繼續朝同一個方向前進，樂此不疲。

大多數人在長途旅行是需要調整時差的。但我的觀察是：只要這個城市夠吸引人，旅人就會像自帶行動電源一樣，即刻充飽能量，出現在任何自己想出現的位置，並拍出張張有故事的相片；隨時隨地，人手一杯莫西多雞尾酒，音樂永遠不斷電，我們就是群人來瘋。

路邊老樂師彈奏著，吸引遊客打賞小費，我們則是直接商借樂器，自己彈唱起來「流水年華～好朋友～關達那美拉～」，很快融入當地情境，不需預演自然形成，毫不羞澀，儼然可以成立「噗嚨拱」樂團來賺點茶水費。

「知音難尋，旅伴更難！」而我幸運地有這一群默契十足的好旅伴，為這趟旅程增添了更多趣味。

美麗與哀愁的古城

旅行中打開五感，放鬆肩頸、一吸一吐，每個角落都有驚喜。

狗、貓、鳥似乎是家中常見的寵物。在哈瓦那這觀光勝地，人多、車多、狗狗多，在旅館前、在古董車旁、在牆角邊，吹個口哨，即可呼叫牠們前來，一路步行旅拍中，老黃狗加入我們，街頭至海濱，一路相伴。直到我們要上車了，告知終須一別，請牠保重，牠似乎也理解這短暫的緣分，狗真是人類的好朋友，不分種族、膚色，而且也不限各國語言。

一段較長的車程沿著海岸線不斷前進，看不到海的盡頭，也看不到路的盡頭，此時領隊正用「台語」

認真地提供行程中必要的「笑話」，緩解了僵硬水腫的下肢，美好的旅程遇見對的旅伴、領隊、地陪，是幸運的驚喜，否則就是驚恐了！

能搭上電影情節中看到的大型白色帆船，穩泊在加勒比海上，陽光閃爍、海風習習，熱情的音樂帶動每個人的肢體細胞，腦中響起「與我同遊大海……乘著長風遊到天之外……」好嗨喔！

雖曾看過海豚秀，但從沒想過能下海！在飼養員的指令下和海豚這麼近距離接觸，

筆者一行與海豚的親密互動。

當牠游近我面前時，我甚至收手不敢碰觸，深怕傷了那細嫩的皮膚，在遊客拍手歡呼的鼓勵下，海豚也用各種姿勢回應我們，牠依序跟我們吻別，用尾巴撐起身體，在空中翻轉並目送我們離開。

船拉起帆順著風馳聘在海上，揚起巨大的浪花好夢幻，好驚喜的旅程。

美麗的西恩富哥斯是加勒比海上的南方珍珠。二〇〇六年被聯合國教科文組織選列為世界遺產。這顆珍珠，有著法國、西班牙血統，城市裡有百年建築，建城風格則是在新古典主義中帶點變化，又不突兀。

看看氣派的市政廳，若想看「人文」則逛逛老城區，或是到海邊蹓躂。聽著路邊樂團即興演奏，點一杯莫西多雞尾酒，看著來往穿梭的各種老爺車，眺望海面上的夕陽隨之變化的晚霞，直到藍調出現，襯托出古城的精緻，真是越夜越美麗的西恩富哥斯。

不知道是不是「水人沒水命」，千里達有著美麗的建築，想必曾經是風光富有的繁榮貿易中心，但戰爭無情，在炮火摧殘下，能倖存的就成為古蹟。

再幸運點，就列為世界遺產名錄，昭告天下；受殖民影響，房子的樣貌整齊地排列著，各種亮麗的彩色牆混搭卻很協調，大大的門面也配上跟門一樣大的窗，窗外同系列的鐵花框，是否因太富裕而需要防盜？這些門面像彩色火柴盒排列在筆直的道路旁，很長很遠，像台東金剛大道那樣地長，那樣地遠……。

我更想探知的是，住在世界遺產保護區裡的他們，是感到幸福？或是不幸？乾淨的街道，和善的居民，住在古董級建築中裡的居民，是否曾經為奴，還是富三代？鐵窗內可以看到一位吃飯配香蕉乾的男孩，木門外一個和我打招呼的大叔，笑臉迎人，踏著輕快的腳步，跟我說：「Hola!」

這小鎮承載著美麗的人們，卻也與哀愁的歷史記憶共存。

千里達街景。

夢想之旗

每一段旅程有開始當然也會有結束。

細細梳理、歸納旅行中的點點滴滴，翻看照片與手札遊記，猶如在世界地圖中插上一支旗。是的！完成古巴之旅了，真慶幸自己當時的任性與瀟灑，方能實現夢想清單之一。

古巴有自己獨特鮮明的特色，如：雪茄、古董車、蘭姆酒、美食等，卻與世界接軌極為慢速。畢竟3G抵不過5G的速度，共產制度長時間以來的壓抑，也影響積極的行動力。也許未來會有更不一樣的發展？期待有天能看到古巴越加璀璨，如女大十八變般，成為加勒比海上的明珠。

世界如此之大，不要停止探索，秘魯太陽祭、墨西哥可可夜總會、肯亞動物大遷徒、土耳其……這些有著獨特色彩的國家，趁自己體力還行，多多去開闊眼界，增廣見聞吧！

林麗玲的夢想清單

身於該處
方能體會

張國器

畢業於台大電機研究所，任職於IC設計業，是個不使用任何社群軟體的科技人。旅遊以文化差異較大的地區為主，曾去過埃及、肯亞、突尼西亞、秘魯、緬甸及西藏、新疆等地。沒事時喜歡宅在家裡與家中小狗為伴，平常以自行車通勤代步及運動。不信鬼神，但相信宇宙有未知的神祕力量。

陳淑華

畢業於中興企業管理研究所，任職於金融周邊產業，喜愛畫圖、攝影和旅遊活動，曾去過埃及、肯亞、突尼西亞、秘魯、緬甸、印度、西藏、新疆等地旅行，也去過尼泊爾ABC、日本熊野古道及沙巴神山等地區健行。

從照片上認識跟親身經歷永遠有著差距，
空氣中流動的氛圍，人與人交會的瞬間，
這些都一定得自己走一趟才能體會。

別畏懼旅行

經過疫情三年的蟄伏，終於可以安排出國了，之所以選擇古巴，是因為它夠遠，可以彌補三年的空虛，除了秘魯之外，我們還沒有踏上過中南美其他國家，古巴的街景、雪茄和蘭姆酒，也都有著強大吸引力。

當決定要去古巴旅遊、丟出請假單時，老闆問了一個問題：「古巴可以旅遊嗎？」我們不禁自我懷疑了一下，是啊，一個共產國家，被美國實施六十餘年禁運，應該有很多黑黑的人，治安很差吧？咦？不對啊！印象中我明明有兩個朋友曾去古巴旅遊，也都安全返國，所以應該是沒問題的。

不如說，古巴旅遊的問題不在治安，而是路途太遠及價格太貴。

古巴是一個遠得要命的國度，可從美國西岸或歐洲轉機，這次我們選擇了回程過境法國巴黎兩天、總共長達二十六小時的航程，不斷地轉機、待機、再轉機，簡直累壞了這身老骨頭。因為路程太遙遠，所以旅遊費用也就特別地貴，二十萬起跳的花費，貴到需要去籌錢來完成這趟夢想旅程。事後回想起來還是很值得的，從照片上認識跟親身經歷永遠有著差距，空氣中流動的氛圍、人與人交會的瞬間，這些都一定得自己走一趟才能體會。

說真的，這趟旅程中，我們討論關乎治安問題最多的，反而是過境巴黎時可能會遇到扒手和強盜，六月二十六日我們離開巴黎搭上返台飛機，隔天就發生非裔青少年奈爾（Naël）遭警察開槍射殺身亡事件，在法國掀起了全國性的暴動，雖然觀光景點都受到嚴密保護，但總歸是讓人心驚膽跳的。當然，這與我們之前從突尼西亞回國兩個星期後就爆發茉莉花革命相比，應該還算好的吧。

相對於法國巴黎的緊張情勢，在古巴街頭，你不會特別感覺到危險氣息，雖然常聽人說中南美國家很危險，但古巴的治安還不錯，由於政府依舊監控著人民，街上仍時常看到有警察走動，不過安全

美國對古巴的禁運

美國政府自一九六〇年代開始實施，以古巴與共產主義國家結盟為由，阻止美國企業以及在美國有經營業務的外國企業與古巴公司或個人進行貿易，是現代歷史上最持久的經濟制裁。

茉莉花革命（阿拉伯語：ثورة الياسمين）

發生於二〇一〇年末至二〇一一年初，北非突尼西亞爆發反政府示威，最終導致政權倒台。因茉莉花是其國花而得名。

是相對的，我們還是得維持錢不露白之原則，做足安全的準備，不要給盜賊有施展的機會。

另外，常被提及的猶豫因素是：因為古巴作為共產國家，政治上實施共黨專政國家主席制。然而世界上的共產國家，包括中華人民共和國、北韓、越南、寮國、古巴等五國，雖然制度上有些許差異，但想必大家也去過其中幾個國家吧？所以不需要太過擔憂。

除此之外，古巴有來自世界各地的

有著彩色外牆的古巴建築。

遊客，歐洲各國及加拿大占大宗，東方遊客則很少。美國電影《玩命關頭8》、韓劇《男朋友》和周杰倫〈Mojito〉（2020）MV，應該都對古巴旅遊有一定貢獻，去馬雷貢濱海大道找個男朋友，去古巴舊城區喝杯莫西多，搭著與博物館同等級的古董車，去看看街道上彩色外牆的西班牙風格建築，誰還能說古巴不能旅遊呢？

古董車穿梭舊時光

國人旅行時對網路依賴成癮，旅行國家的網路普及度及速度至關重要。

古巴十年前還沒網路，五年前才剛有，疫情前基地台很少，聽說即使裝了網路卡也難以完全突破限制，除了速度不快，還限制地點，得在公園某個小角落才能上網。現在古巴網路已有大幅改善，出國前先上網購買古巴網路卡，到了古巴哈瓦那機場，出口前有一個小桌子，辦理人員手上已經有上網登記清單，你只要提供購買截圖的畫面，就可領取網路卡；但不是自己領完裝上去就可使用，需要辦理人員幫你開卡。我們遇到的辦理人員或許業務不夠熟稔，或是古巴人個性問題，不疾不徐地，裝卡及開卡花費很長時間，大家得耐下心慢慢等候，從古巴機場這時起，我們也開啟了古巴時間，進入了慢活的古巴旅程。

我們落腳在哈瓦那國會大廈附近的五星級飯店，周圍都是三、四層左右的西班牙風格建築，有著明亮的外牆和精緻鍛鐵的陽台。在早上日出時分，筆直街道因建築遮擋，落下一大片陰影，一台色彩鮮豔的車輛，有著

建築與古董車。

浮誇帥氣外型，突出的車燈、大量金屬零件及超長的車體，沿著街道亮處奔馳而來，是啊，這就是常常出現在網路上的古巴哈瓦那照片！

我們對網路照片通常持有懷疑，總認為大多是擺拍或修片，但當一輛輛古董車接續出現後，才終於相信那些照片是「真實的」，令人感到興奮且心跳加速，無法停下來的快門聲，正努力捕捉夢想中的畫面。桃紅色、綠色、亮黃色等飽和色系的古董車，真實地在古巴的大街小巷間行駛，就算離開哈瓦那，到了千里達或巴拉德羅（Varadero），也都可隨處看到古董車，古董車也因此成為了古巴的代名詞之一。我不是愛車懂車人士，只是愛那時光停滯的神奇國度，古董車在街道奔馳的情景，這是我們對古巴第一印象，也是想來古巴的初衷。

黃昏日落時分，我們安排了搭古董車遊哈瓦那，想要體驗《玩命關頭8》中馮迪索（Vin Diesel, 1967-）在古巴街頭的追逐戰，過過飆車的乾癮，但這些六十年以上的古董車，速度是很慢的，應該會馬上被敵手追到，絕對無法進行追逐戰。

因禁運的關係，古巴時間滯留在一九六二年代，不但無法進口汽車，甚至相關零件也很難取得，維修上是相對困難的。看著古董車在街道上奔馳，有種回到過去舊時光的錯覺，臺灣車塗漆多半黑、白、灰、銀及紅等保守色系，古董車顏色都很鮮豔，桃紅色、粉紅色、綠色、亮黃色、紫色等，飽和色系超級吸睛。為什麼會有這麼誇張的顏色呢？因為車輛零件缺乏、維修困難，而變換顏色則是相對簡單可達成的。所以除了車速慢之外，油路隨時會出現卡卡狀態，車子會頓一下後才能再度前行，所以古董車僅是外表好看，坐起來可是一點都不舒適。

古董車排氣量高又耗油，奔馳時有著濃濃油味，聞久了都快暈車，好險我們搭的是敞篷車，遠遠看是很拉風的外型，但近看則滿是補丁及生鏽，掩不住時光的摧殘。搭車的好處是可快速遊覽哈瓦那，沿著濱海大道，能看到高樓大廈、民居公寓及獨棟別墅，還有植物園、革命廣場和高樓飯店等；西班牙風格的建築型式則讓這城市遠看有著結構上的美感，但近看卻是破舊褪色的牆壁，帶著歲月痕跡，也有著些許滄桑。

聞著汽油味追風的古董車之行，無論舒適與否，這應該是古巴獨有的，也是相當值得體驗的活動。

搭古董車緩慢旅遊。

變換的光景於此處

古巴建築遺留著西班牙風格，鮮豔的外牆顏色，讓哈瓦那成為彩色城市，那色彩不像古董車的塗漆那般誇張，是協調且清爽的色系。古巴城市街道具有相當高的辨識度，親身走過一次，更加難以忘懷。我們清晨沿著國會大廈前的廣場散步，人力車、黃色圓形計程車及古董車在街道上行駛，清潔工人、學生及上班族踏著腳步，展開一天生活序幕。廣場另一邊的城區，其外牆斑駁褪色，陽台的衣物、棉被雜亂曬著，與雕琢裝飾的國會大廈形成強烈對比，短短幾公尺內，有著不同生活水準，也算是真實的古巴生活寫照。

六月的古巴，太陽只要升起，熱度就會急速上升，加勒比海海島型氣候，跟臺灣一樣又溼又黏，我們終於

古巴人的日常生活。

也明瞭朋友們為何都在三月前後來古巴旅遊了，那段時間的氣候才是最適合愜意旅遊的。

行前領隊不斷提醒我們，飯店會不預期地停電，所以要記得帶著手電筒，聽說半夜好像有停電，不過因為古巴旅程太精彩，我們總是早早就寢，以保留體力去看看清晨的古巴。

而千里達的清晨六點半，天才濛濛亮，廊下燈光昏黃，街道依然在沉睡中，只有嘰嘰喳喳的鳥叫聲，密密麻麻的電線，跨越街道交織著，像蜘蛛網般，清潔工與少數早起的人們，幽幽暗暗地融入灰色晨景中。千里達房舍大多是一層樓建築，只有少數飯店和餐廳蓋二至三層。濃濃西班牙殖民地建築風格，天空藍、拿坡里黃、嫩甜橘、鼠尾草綠等各種色彩，毫不客氣裝扮著房屋外牆，筆直的街道往前延伸，外牆色彩也交替著變換，只不過牆漆已隨歲月斑駁，拍起照來增添滄桑的韻味，這樣的街景屬於千里達專有。

千里達的清晨。

獨特的窗花。

建築上的另一個特色是白色雕花鐵窗，千里達房舍的窗戶都開得特別大，幾近至地面，弧形、捲曲等各樣花式線條的鐵窗，有著保持通風、引進光線和保有私密的功能。地面上凹凸不平的鵝卵石，拐著遊客的腳，更考驗騎車人的技術，只要去過千里達，應該都會對這建築特色留下深刻印象，這些特色和歷史因素，讓千里達於一九八八年列入世界遺產名錄，其質樸韻味仍保留十七世紀風情，對於愛好攝影的人而言，這景致真算是個夢想之地。

七點過後，陽光悄悄攀上屋頂，向下蔓延至牆面，灰色調的街道染上亮麗色彩，人們開

始陸續出門，生活步調快速流動起來，鐵窗有著美麗的光影，一顆顆鵝卵石在晨光下閃耀著，有爸爸騎腳踏車載著小孩在鵝卵石街道上，晃動且緩慢地移動著，有隨時可能打滑的危險。千里達不像哈瓦那有這麼多古董車，人力車、腳踏車和摩托車才是主要的交通工具，更多的人則是以步行方式來移動。

在十字路口公車停靠點旁，我們將自己融入群中，靜靜觀察著古巴家長呵護小孩上學的畫面，小學生結著紅領巾，中學女生會穿著超合身褲裙，有著

①｜②｜③

①：清晨騎腳踏車出門的人。

②：清晨出門行走的人。

③：清晨下的人力車。

掩藏不住的青春，還有著裝整齊的上班族、勞工階級、遛鳥遛狗的人等等。小販於門前架起木板、開個小吧台，來往的人趨前購買飲料和香菸，在物資缺乏的大環境下，這也算是種小生意。對街有坐在門檻上無所事事望著街頭的人，或隔著鐵窗內外聊天的大媽群，日常生活序幕即將展開，在這裡你可以用眼睛或鏡頭，留下你心中想要的畫面。

回飯店用早餐的路途上，儘管千里達城區橫縱交錯、相當工整，我們卻還是錯過左彎回程的道路，千里達街拍的魅力太強，往往就會不小心迷途，建議未來造訪古巴的旅人們，可以在出發前替入住飯店照個相，迷路時拿著照片詢問路人，雖然他們操著一口你聽不懂的西班牙語，但通常會很好心地協助你，甚至親自帶著你到達目的地。

早晨光影變幻，在鵝卵石街道蹓躂，去看看古巴真實的日常生活，友善的街拍環境，喜愛攝影的人更不可錯過，就算不攝影，用眼睛去記錄也是好的，親自感受空氣中溫度及氣味，這些都不是旅遊照片能呈現，得親自走一遭。千里達晨拍也是我們這趟旅程中，最享受的旅遊時光之一。

千里達也是聯合國教科文組織世界遺產，與哈瓦那舊城區相比保留更多原始風貌，低矮房舍的彩色外牆、休閒放鬆的步調，在在顯現其迷人之處。千里達說大不大，但若要走路也是會累死人，搭馬車則是最佳選擇，不僅可短時間內遊覽更多街道風光，也挺融入當地的氛圍和景色。搭馬車的過程中總有有趣的體驗，馬夫不穿馬靴，穿的是雨鞋；小孩與婦女會對馬車上的我們打招呼，沿途能一直聽到：「Hola!」的熱情招呼聲；馬車也會在一些景點停留，其中廢棄的鐵道和教堂最有記憶點。

行走在千里達道路上的馬車。

廢棄鐵道上仍停著相當舊式的貨運火車，火車旁有玩耍的孩子們，膚色有黑有棕，那黑皮膚小孩有著明顯的東方人輪廓。玩耍中的小孩是最好的模特兒，天真又自然的神態，照完相給予小小的糖果或零食，他們臉上就會洋溢著開心的表情，有的小朋友還會幫家裡弟妹索要，我們當然給啊！去古巴旅遊準備一些小零食，對拍攝天真可愛的小朋友相當有幫助。

我們在途中還經歷了風雨欲來前變換詭譎的天氣，搭馬車的前半段旅程都是豔陽高照，然而在抵達廢棄的天主教堂時，蒼穹卻突然陰霾起來，教堂背後的天空風起雲湧、烏雲密布；神奇的是，陽光仍照著教堂的牆面，形成牆面光亮但背景藍黑的效果，我們還很有哏地讓馬車當前景，大家輪流拍攝到此一遊的景象，這也是我行程最喜歡的照片之一。

拍照期間，雨一直沒落下來，直到我們進餐廳才終於降下，但在晚餐結束就停了。

鐵道旁的斑駁殘壁。

用完餐後，我們漫步在千里達鵝卵石街道上，逛逛畫廊和紀念品店，千里達的夜晚並不會令人特別害怕，很多遊客和當地的大人、小孩都在街道上閒晃，甚至還能看見鄰居隔著鐵窗聊天，相對悶熱的室內，入夜的戶外是較涼爽的。古巴五月至十月是雨季，我們在六月前往旅遊，起初還挺擔心雨神來搗亂，所幸除了千里達這次，就是在巴拉德羅夜晚時的下雨加上雷電閃爍，白天乘帆船出海，海灘漫步及浮潛時均豔陽高照，只能感謝老天爺眷顧我們。

與古巴人們的相遇

都說「人是旅途中最美的風景」，古巴的人也沒讓我們失望。古巴住民的種族相當多元，有西班牙人、黑人、安地列斯（Antilles）群島人，還有百分之一的華裔，更多的是混血後代，婚姻上沒有膚色高低或地位問題，不像美國有著嚴重的膚色種族歧視，古巴真可謂種族的大熔爐。經過一代代混血，膚色有白、黑、咖啡色，輪廓有黑人、東方、中南美及西方，在街旁常見不論大人或小孩，不分膚色群聚在一起。曾想說是不是我們誤會，問了導遊維克多，的確在古巴沒有膚色歧視，也不會有黑人配不上白人的想法，女人也可擔任老師或駕駛之類的職務，相對於許多回教國家或印度等，古巴女人的社會地位相對平等。古巴人總有些慵懶氣質，隨意坐在門前階梯，或倚牆與三五好友聊天，「匆忙」、「緊急」這類字眼似乎不適合古巴。

我們第一個認識的古巴人，當然就是當地導遊維克多，精通西班牙語、英語，他曾到中國安徽蕪湖留學學習中文，獲得兩個碩士，會電腦維修，還是騷莎舞蹈老師，但月薪只有二十一美金，約台幣六百五十元——真希望我的老闆不要看到這一篇，怕他以為我是薪水小偷——這麼低的薪水要如何生活呢？是因為古巴物價特別低廉嗎？其實最主要是因為國家採共產制度，教育、醫療及住房等需求都是免費獲得，也能透過配給制度獲得便宜的食材，但不同的能力卻得到類似薪水，對年輕人來說也是一種不公平。

街上看到的古巴人表情大多帶有一些靦腆，看你這東方面孔遊客經過，會用西班牙語「Hola」小小招呼著，不太會打擾你，對你手上持著相機也不太反感，跟他們以眼神或手勢表達想拍照的意願，通常也不太會受到拒絕，偶爾有些老人在拍照後，會伸手跟你要錢，若不肯給，他們也不會有太多反應或動作，只是默默地走開。但也有年輕人會拒絕被拍照，比如在哈瓦那紀念品店販賣潮牌上衣的年輕店員，即使我們已經跟他買了衣服，希望能拍張照或合照，他也表示不願意；在千里達中央廣場長相可愛的女學生，也拒絕讓我們拍照。也許是因為網路資訊越來越開放，讓古巴人對自己肖像權也越來越重視，所以要拍人還是要先徵詢過，學著尊重對方。

這樣靦腆害羞的古巴人，有了音樂就變成另一個人，在西恩富哥斯的小廣場，一把吉他再加上各類敲擊樂器，就可成就熱情音樂和舞蹈。一個看起來年長的女性，也能隨著節拍輕輕舞動，天生的節奏感與肢體律動，帶有一種女性的性感風情。騷莎舞的來源有點令人傷感，非洲奴隸被迫戴著腳鐐工作，只能上身維持不動，扭動腰臀、踩踏移動，小步伐地舞動，幻化成迷人舞姿，非洲樂鼓、沙槌及吉他則是主要伴奏。

在餐廳用餐時，也會有小型樂隊來表演，唱來唱去總是那首西班牙情歌〈關達那美拉〉，就好像沒別首歌了，膩是有些膩，但對於炒熱氣氛還是蠻有效的。馬雷貢濱海大道傍晚，也有即興音樂和舞蹈，三五成群、簡單樂器，就可自嗨起來，其他人也能隨時加入，不分彼此一起狂歡，古巴人的快樂很單純。

最有名的古巴人應該是切·格瓦拉，他是古巴革命的核心人物之一，在中東和西方的年輕人中，他成為一個公眾偶像化的革命象徵，代表著自由的態度。在古巴任何地方，都可以看到他的頭像；頭像被簡化後，被廣泛地印在T恤衫、牆上或圖畫上，甚至還有人刺青在身上，是全球年輕人最崇拜的人之一。我們也買了頭像的T恤衫和磁鐵，作為這趟旅遊的紀念。

如果切·格瓦拉當初有去註冊肖像權，現在可能賺翻了。

菸酒咖天堂！

到了古巴，大家都會變成「菸酒」咖，指的當然就是雪茄和蘭姆酒。

在雪茄工廠參觀時不能攝影，而製作過程因需要維持一定溼度，所以工廠內又溼又悶熱。雪茄製作真的是一個極需經驗的工藝，從茄心和茄衣葉片的選擇，到捲菸葉時力道的拿捏，都會影響雪茄的品質優劣。好的雪茄，摸起來要有扎實感，但也不能太硬，否則會影響燃燒均勻度，使用的茄葉品種也會影響口感。在雪茄工廠旁的觀光商店，我們以一百美金價格購得五隻高希霸（Cohiba），還買了其他品牌的雪茄，除了自己享受外，也要送給朋友，畢竟這是古巴較為昂貴的紀念品。

試抽了一根雪茄。

在我們入住的五星級飯店門前，總是會看見兜售雪茄的人，自稱貨色又便宜又好，雖然被不斷提醒不要跟他們購買，但還是禁不住好奇心的誘惑，買了一隻一美元的雪茄，除了又短又瘦，摸起來也能有明顯的鬆弛感，不禁感嘆果然是一分錢一分貨。在哈瓦那餐廳裡，我們也每人獲贈一隻雪茄，立馬認真吞雲吐霧起來，但雪茄要一次抽完很難，所幸有切煙器。餐廳裡的雪茄沒掛上品牌，但品質不錯，我猜想會不會來自雪茄工廠，因為工廠員工每天可以分配到五根免費雪茄。

我們對蘭姆酒非常熟悉，因為家中有著各種調酒的基酒和器具，供朋友來家中調酒買醉。莫西多基酒就是蘭姆酒，再加上大量被搗碎的薄荷葉、少量糖和檸檬，清爽口感使它成為經典調酒之一，材料取得也容易，因此是家中聚會酒單的首選；另一個與蘭姆酒有關的調酒是「自由古巴」（Cuba libre，又稱蘭姆可樂），就是可樂、萊姆汁加上蘭姆酒。蘭姆酒是以甘蔗為原料製成的蒸餾酒，發現的原因也很有古巴風格：因為處理甘蔗木桶時沒清乾淨，結果便發酵成珍釀，也算是一種美麗的錯誤。

因為古巴非常炎熱，對飲料需求特別強烈，餐廳通常也不吝嗇，可選二至三種飲料，包含酒精類，侍者倒酒也大氣，非得等你叫停，不然下午整個行程，都將在迷濛恍惚狀態下度過，不知道自己參觀了那些景點。在古巴，感覺任何飲料都可以加蘭姆酒，儼然就是種買醉的概念；古巴音樂再加上蘭姆酒催化，就可度過美好迷濛且醉人的夜晚。

上：餐廳不吝嗇提供的飲料。
下：古巴的蘭姆酒。

觀光客的美食與糧食配給制度

「咦……又是龍蝦？」我們總是會在古巴的餐廳裡疑惑著。

記不得是來到古巴的第幾餐了，菜單上仍有龍蝦，不禁想道：「餐餐吃龍蝦會不會太奢侈了？」這也顛覆我們對古巴餐點的想像，總認為遭禁運制裁的古巴應該沒魚沒肉，而只有青菜豆腐類，原先還想著可以趁著去古巴時減肥一下，但減肥這檔事，總是會事與願違。

在古巴的私營餐廳，幾乎主餐都有龍蝦、雞肉、魚肉及牛肉可供選擇，這是因為加勒比海龍蝦產量多，取得價格很便宜，所以才能餐餐吃龍蝦。在料理方式上又分炭烤、乾煎或焗烤，有些餐廳能料理得美味，有些則會有點乾，好吃與否真的得靠運氣。古巴的青菜和水果部分，則有著很大的進步空間；炒青菜在這裡是不存在的，原型青菜是最高指導原則，有時要生吃，有時水煮過，旅途中的纖維質就靠這些了。水果部分，鳳梨又酸又硬，品質須好好提升，令我們真心覺得臺灣農改隊應該要進駐古巴，但紅心芭樂倒是意外地好吃。甜點部分則口味偏甜，以烤布蕾和冰淇淋最多。

六月的古巴像臺灣一樣，悶熱潮溼，光站著，汗水就會從背上流到屁股溝，正午時很想躲進涼爽處用餐，但古巴多是露天式或沒有冷氣的餐廳，只能一邊揮著蒼蠅，一邊揮汗如雨下，忙碌且艱辛地享受著我們的龍蝦大餐。

左：再三遇見的龍蝦料理。
右：旅程中重要的纖維質來源。

但這些美味佳餚僅供應觀光客，可以看見當地領隊餐餐都點肉類，是因為只有在帶團期間能吃到整塊肉。就如同世人所知的，美國對古巴實施六十餘年禁運，美國企業和在美國有經營業務的外國企業，無法與古巴公司和個人進行貿易，是現代歷史上最持久的經濟制裁。這制裁不只影響了貨物，也擴及食品，所有物資都非常缺乏，所有珍貴的食材和貨品，都用在觀光產業賺外匯用。

配給制度下的人們，肉類配給只有絞肉而不是整塊肉。我們討論過為何只給人們絞肉呢？也許是因為肉有不同部位，分配時也會有公平性問題。在其他食材上也有著配給限制，例如每個人一個月只能領到七顆雞蛋，天啊！我們的兩天早餐各都點了兩顆蛋，用掉了整個月幾近一半的配額。

就連肥皂也是稀有品，即使我們入住的已是當地最高級飯店，但還是有些飯店沒有提供，也別妄想隨處能買到，這裡可不會轉個路口就有二十四小時的便利商店。雖

古巴的小攤販。

然古巴已開放私營商店，但商業活動還是較少，比較常見的是小販開著小門或隔著柵欄，賣著工人的香菸、飲料和小朋友愛吃的零食餅乾，通常是當地人正在購買，你才會發現那也算是個商店。如果你對某些日用品有執著偏好，最好從臺灣帶來，在古巴街上無法隨時買到你想到的物品和食品。

看到小朋友用餐時，盤裡只有些碎肉、烤香蕉片和白飯，反觀臺灣物資充足，餐點多樣、烹調美味，比較之下算是幸福的國度吧。

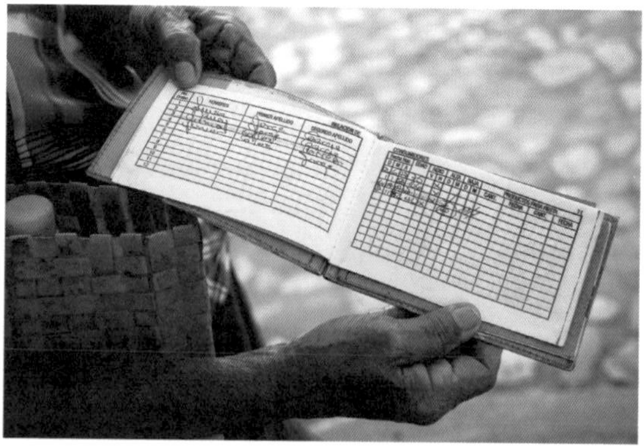

領物小冊子。

我們在千里達清晨街拍時，看見有位婦女拿出了領物小冊子，用著西班牙語喃喃說了些話，我們當然一個字都不懂，但她用食指和大拇指搓著比出要錢的手勢，我們立刻就明白了，大概是要用小冊子博得同情吧，自己國民要跟國外觀光客要錢，想起來也是有些傷感。

小冊子是以家庭為單位，會因家庭人口或健康狀況來調整數量，人們就是拿著這種領物小冊子，到國營商店領取麵包、雞蛋或日需品，所以路上也會時常見到排隊畫面。國營商店架上只有少少的商品，下次何時會補貨也不知道，這也養成古巴人民囤積物品的危機意識。疫情期間，藥品和食品嚴重缺乏，加上觀光收入下降，讓古巴陷入更嚴重的情況，所幸疫情已過，觀光客回流，相信古巴的未來肯定會越來越好！

張國器與陳淑華的夢想清單

炙熱的異國之旅

魏瓊瑛、康慶宏

一對**5**年**9**班愛玩的伴侶。

過去地理被當掉、一口破英文，但是有一張很厚的臉皮，和一顆很大的膽子。

為了旅行用力學英語（雖然英語還是很破），努力把世界地圖刻進腦袋；為了旅行，認真活著、認真賺錢，只為了世界各地趴趴走！走過大洋洲的斐濟，來到村落吃傳統美食洛佛（LOVO）餐、去北非的突尼西亞在沙哈拉沙漠睡帳篷、登秘魯的馬丘比丘、遊亞馬遜河釣食人魚……只為了一路玩到掛！

可以感覺到，
他們的笑容都是真誠且充滿喜悅的。
為什麼資源如此匱乏、如此貧窮的國家，
竟然能夠這樣自在且怡然自得⋯⋯
讓我們不禁陷入沉思。

萬事起頭難

剛到古巴哈瓦那的時候，我們立刻覺得好後悔來這個鳥地方，這麼落後、又這麼熱，心裡暗暗告訴自己：肯定不會再來了！

這次古巴行，讓我們最受不了的就是古巴的天氣！此次旅程是六月分，以為應該不會像七、八月那麼炎熱。結果出乎我意料之外，不但天氣悶熱，流汗後又全身黏呼呼的，令人渾身不舒服。

但是，因為整團都是我們自己的朋友，所以領隊跟團員達成一個共識：每天吃完午飯後，我們就回飯店休息，等到傍晚太陽不那麼毒辣的時候，再出來走行程。

慢慢地，我們也就愛上這樣子的模式，行程的最後，竟然還有點捨不得離開呢！

波折的開端

飛機落地就立刻發生了一個插曲——我們這團竟然有三個行李不知去向！領隊確認「元本旅遊團」的行李有確實登機，但等了好一段時間都未見它們的蹤跡；就當我們心想：「不會那麼倒楣吧……」的時候，行李轉盤倏然啟動，總算是轉出了缺失的行李。現場響起了一陣歡呼！我們也才終於能放下滿聲幹譙的心。

出關後領取當地的電話網路卡也相當挑戰人的耐心，一個服務員要處理機場全部旅人的網路卡，而且必須一個一個號碼處理。整團處理完畢時，大家都已精疲力盡，甚至到飯店已經是隔天的清晨了。

古巴旅遊團一行人。

團結與音樂之都

古巴是共產國家，其文化應該很強調團結和集體主義的價值觀。感覺人們通常以集體的利益為重，互助與合作是古巴社會中的重要價值觀。我們發現社交和人際關係在古巴文化中扮演了很重要的角色。這裡家庭和朋友之間的聯繫非常密切，人們經常聚集在一起慶祝節日、分享美食和音樂。他們對音樂、舞蹈和藝術似乎有著濃厚的熱愛和天賦。音樂是古巴人重要的精神糧食，聽聞著名的古巴音樂風格，森巴（Samba）、拉丁爵士樂和雷鬼（Reggae）等音樂類型都源自古巴。

雖然經濟限制對古巴人的生活產生了一定影響，導致他們長期以來面臨著資源短缺和各種經濟問題，也可能導致生活品質和消費習慣方面出現狀況。與某些現代消費文化價值觀相比，古巴人更加節儉，也更依賴資源的分享。但他們以其韌性和創造力在逆境中生活，這點令人十足讚賞！也或許因為如此，古巴人對教育的重視程度很高，在這裡，教育被認為是改變個人命運和提高社會地位的關鍵，因此古巴人普遍重視教育，並且享有普及的基本教育和醫療保健服務，這點也十分值得我們臺灣參考學習。

古巴人的生活方式與某些文化存在衝突或差異，而這些衝突可能源於不同的想法、價值觀、傳統和現實情況。例如：古巴的政治和經濟狀況曾導致大量人口移民到其他國家，由於移民以及在新國家的後代，與古巴的傳統和價值觀有所不同，便造成了家庭分離和文化衝突；但這些衝突並不意味著古巴人的生活方式令人無法理解或無法接受。相反地，這種衝突是文化多樣性和個體差異的一部分，也是不同文化之間相互瞭解和尊重的機會。重要的是保持開放的心態，尊重並包容不同的觀點和生活方式。

古巴街景。

閃耀的藝術品

在古巴有許多獨特而有吸引力的紀念品可以購買。就來炫耀一下我們買的幾樣紀念品吧！

首先是雪茄，古巴雪茄以其卓越的品質而聞名於世。這次重點行程之一就是參觀菸草工廠，遊園的過程十分精彩，我們同行的團員都買了當地的雪茄要送給臺灣的朋友。

再來是蘭姆酒，古巴的蘭姆酒也是一個非常受歡迎的紀念品。這次參觀哈瓦那的蘭姆酒博物館，瞭解更多關於古巴蘭姆酒的歷史和製作過程。也品嚐了很多不同年分的蘭姆酒。在古巴最後一天，我們也不能免俗地帶著以海明威的最愛——莫西多雞尾酒為基底製作的十五年蘭姆酒，不捨地離開古巴！

古巴有許多有才華的藝術家和手工藝人，因此如畫作、雕塑、手工藝品或陶器，此類手工製品以及藝術品也是不能錯過的紀念品。在參觀當地市集時，發現一位年輕的畫家在市場牆壁上秀出三幅畫作，我們很喜歡當中一幅油畫，然而購買的當下，畫上的油彩尚未風乾；最後是請導遊跟畫家預約，待旅行團最後一天回到哈瓦那再取，除了那幅畫以外，還買了兩個充滿古巴文化元素的獨特手工藝品，如：編織品、皮革製品和木雕等，這些手工製品通常以

左：筆者之一與油畫的合照。
右：古巴年輕畫家掛在牆上的油畫。

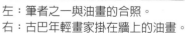

古巴傳統藝術和手工藝技巧為特色，是獨特而精美的紀念品。我們也各買了幾樣回臺灣收藏。

如同前面提到的，古巴是音樂的搖籃，我們在餐廳用餐時，餐餐幾乎都有樂團助興。印象特別深刻的是三位年紀有點大的老紳士組成的樂團，當時他們唱著非常好聽的歌曲。當地導遊建議我們可以購買他們自製的古巴音樂CD，我們團員都熱情地購買了，甚至還與老紳士們一起拍照合奏。

古巴的美食也非常值得一試，比如摩洛哥風味的燉肉（Ropa Vieja），這是一道由細絲狀牛肉、番茄、洋蔥、辣椒和香料燉製而成的菜餚，通常搭配米飯食用，香氣十足，非常下飯！而說到古巴美食，就不能不提到古巴三明治（Cuban Sandwich），這是在千里達的飯店——也是我們最愛的飯店之一——所提供的早餐，是一種經典的古巴熱狗三明治，由古巴麵包、烤豬肉、火腿、瑞士乳酪、酸黃瓜和芥末醬構成。其

上：古巴三明治。
下：莫西多雞尾酒。

實我們是不愛麵包的人，想著既然都到古巴了，就嚐嚐看到底有多難吃（因為網路上爬文都說不好吃），結果竟然出奇地美味！有可能是因為剛好合我們的口味，但也可能是因為對它沒有期待吧。再來是我們最最喜歡的調酒——莫西多雞尾酒，這酒竟然可以這麼順口好喝。蘭姆酒加入酸酸的檸檬、甜甜的蔗糖，再配上涼涼的薄荷葉，真的超級搭！喝著喝著，頓時也能理解為什麼大文豪海明威會那麼喜歡了！

色彩斑斕的古城

至今仍無法忘懷，搭馬車遊千里達古城的那段時間。

我們先是在廢棄火車停了下來，接著遇到了一群正在開心玩耍的小朋友。我們跟孩子們分享了身上的餅乾糖果，幾位小朋友都開心地吃著。這時，有位小女孩一直將糖果緊緊地握在手上，一副捨不得吃的模樣。我們猜想，她應該是想留著回家，跟家人分享吧！

爾後，我們搭乘馬車前往古城散步，經過家家戶戶的門口，只要主動揮手打招呼，不管男女老幼，每一位居民通通熱情地跟我們揮手回應，可以感覺到他們的笑容之中充滿真誠與喜悅。為什麼資源如此匱乏、如此貧窮的國家，竟然能夠這樣怡然自得……讓我們不禁陷入沉思。

千里達是古巴著名的歷史城市，它以其獨特的魅力和保存完好的殖民時期建築聞名，獨特的歷史氛圍和古老的街道，令它成為我們心目中古巴最具迷人魅力的城市。

筆者所搭的馬車。

古巴的街頭風光。

千里達的街道和建築物皆保留著濃厚的殖民風格，展示了西班牙殖民時期的建築風貌。它們以色彩斑斕的立面、陶瓷磚和鐵藝裝飾而著名，營造出迷人的古老氛圍。如千里達主教座堂（Iglesia Parroquial Mayor）和千里達古塔（Torre de Manaca Iznaga），它們便代表了城市的歷史和建築風格。

千里達也是古巴音樂和舞蹈的重要中心之一。在城市的廣場和街頭，您可以欣賞到傳統的古巴音樂演奏和舞蹈表演，感受濃厚的音樂氛圍。千里達的人們特別友善親切，在古城街道上漫步，每個人都笑臉迎人地揮手打招呼，不論男女老幼，似乎都在跟我們說：「你好！歡迎你們來古巴！」

千里達的這些特色使它成為我們最喜歡的古巴城市；不僅可以欣賞到歷史遺跡、文化藝術和自然風光，還能同時體驗古巴獨特的氛圍和魅力。

千里達街景。

無法忘懷的情意

行程在古巴的最後一天，我們一路搭車回哈瓦那，途中在一處休息，順便上廁所。導遊請大家喝用鳳梨盛裝的莫西多雞尾酒，邊聽樂隊唱歌，心情也跟著歌聲亢奮了起來。我們幫大夥拍了很多照片，並將編輯好的照片放上臉書，記錄下開心的時刻。接著，我們再次回到了哈瓦那，首先造訪海明威最喜歡的酒吧，喝著當時他最愛的調酒黛綺麗，大夥一面感受酒吧裡熱鬧的氛圍，一面跟隨樂團的輕快歌聲翩翩起舞，雙手打著節拍，同時擺動身體，並緩緩地移動腳步，享受在這古巴的最後一刻，大家感覺都很捨不得結束古巴的行程。還有陪伴我們的地陪維克多，他是一個很認真的導遊，讓我們認識了許多當地人的生活、文化，甚至是政治等相關資訊；更難得的是，我們完全沒有在他身上感受一般導遊常有的、市儈的商業氣息，就像一位真心相待的朋友！

在要離開古巴的當天，我們漫步在哈瓦那的街上，在半路欣賞當地的踩高蹺表演，並開心地跟著扭動身體。忽然，我們看見一個老人家坐在一個小小的騎樓下，他身旁擺著的一幅素描，好像是他親手畫的作品。由於還有一些時間，便想著找人畫一張在古巴的圖留念也不賴。

在和老人家溝通的過程中有點雞同鴨講，我們不知道畫一張素描要多少錢，他也沒有主動告知；總之，我們最後拿了五歐元給他。他高興且小心翼翼地把錢放到口袋裡，就開始作畫了。老人家很認真地看著我們的眼睛，並要求我們望向遠方。每每畫到一半，他就開始找方才收取的錢，發現找不到，就開始問我們有沒有給他錢，但他找著找著，就會在口袋裡面摸到，然後才放心地繼續作畫；畫著畫著，又再次重複同樣的循環。這樣的情形發生三次以後，我們心想自己是不是遇到了騙子，油然升起一股不安的念頭。

意外的遇見

後來有兩組路人從我們旁邊經過，他們用著不曉得是西班牙語還是英語叨叨唸著，好像是在說這個老人家有問題，但是我們也聽不懂他們的語言，既然已經做了，那就繼續吧！反正就用來打發時間。老人家身穿有點破舊的衣服和鞋子，但他非常認真地畫圖，然後畫著畫著，又開始他的找錢循環，但這次一直翻都沒翻到，他有一點緊張了。他再度開口詢問，我們叫他找找口袋，才終於找到錢，並回歸作畫。我們看了一下他的畫，笑著點點頭，表達對畫作的喜愛。老人家最後再修飾了一下畫中的頭髮，我們和老人家拿著畫作合照了一張並道別。其實整件事情讓我們覺察到，畫得像不像一點也不重要，我們似乎給了老人家什麼，而他似乎也回報了我們一些什麼……。帶著他的畫，我們開心地離開了古巴。

左：老畫家正為筆者之一作畫。
右：老畫家給筆者之一的畫作。

魏瓊瑛與康慶宏的夢想清單

充滿驚喜與驚嚇的旅程

張玉佩

畢業於江翠國小、中山國中及四海工專土木科，與家中有九位兄弟姊妹且排行第八的專科同學結婚。喜歡畫畫，所以從事設計工作，工作的時候全神貫注、聚精會神，休假時喜歡放空。

在上圓聯合建築師事務所工作從助理做到資深副總，於一百一十年屆滿三十年退休。目前以連續三百六十五天、每日至少運動三十分鐘為目標，在香港、法國及古巴機場都有留下超慢跑的足跡，是個積極及有毅力的家庭主婦。

這座十七世紀的古城建築物漆著繽紛的色彩，
門口的鐵門有許多不同花樣的窗花，
點綴綠色植物，
有些人會在自家客廳擺起飲料、手工藝品
或是衣服等等，
直接做起了生意，令人感覺相當輕鬆自在。

令人驚嚇的旅行起點

我在出發前對古巴並沒有特別的認識，只知道是個棒球很厲害的共產國家，而這次的旅行，也讓我看見了古巴截然不同的一面。

當我們剛抵達古巴，還在機場等待行李時，看到的居然是破了一個大洞的行李箱；我愣了一下，這是我的行李箱？領隊蘇蘇見狀，趕緊向當地人員反映，等溝通完畢又過了將近一小時，但是還剩下一個行李箱沒到齊。天哪！古巴的效率真差！而就在我們抱怨的同時，行李轉盤居然停了下來，難道另一個行李到別國旅行了？我們趕快在行李轉盤附近尋找，終於看到行李箱被放在另外一頭，還好沒有丟失。

古巴的物資真的非常缺乏，離開機場的路上沒有便利商店、超級市場和文具店，我們完全買不到膠帶來稍微黏補行李箱的破洞；到了哈瓦那的飯店居然也要不到膠帶，飯店說是被客人借去沒還，真是屋漏偏逢連夜雨。

到了千里達，隔天早上飯店經理詢問我們的導遊維克多：「飯店有什麼需要改進或加強呢？」說實在的，大家對這間飯店非常滿意，這番話讓飯店經理聽得是心花怒放，並希望我們可以幫忙他們多多宣傳宣傳。這時導遊維克多補充道：「如果能有捆膠帶能讓我的客人把行李箱補一下就更棒了！」飯店經理聞言，連忙表示他馬上處理。果不其然，下午時就有人送來一捆膠帶和一片塑膠板。蘇蘇和我先生便著手開始進行黏補作業，蘇蘇還用吹風機塑形，真是太厲害了！不愧是經驗豐富的領隊大人。手忙腳亂一陣後，總算把行李箱修補好了，也終於可以安心繼續接下來的旅程。

暖心負責的領隊

當領隊蘇蘇看到行李破洞時，便立刻積極地著手處理。由於我們有轉機的緣故，各個航空都爭先恐後地推卸責任，唉，大家互相把皮球踢來踢去，能理賠的機率相當低！但是元本旅行社還是很積極幫我寫信給法國航空，就等後續看會不會有好結果吧！

優游白浪間

這趟旅程中，最令我印象深刻的是在瓦爾迪海岸搭帆船遊加勒比海。加勒比海是從電影《神鬼奇航》（*Pirates of the Caribbean*, 2003）裡才知道的，這天居然可以乘著帆船吹著涼爽的海風出遊。原以為只是一艘頂多二十人的小船，到上船才發現人真多，約莫七、八十人吧！但空間並不會擁擠。開船沒多久，我們便坐或躺在網子上，下面就是海水，是一次非常特別的體驗，大家吹著風、拍拍照、喝著飲料，感覺非常放鬆！

途中有登陸到一座人工平台，那兒可以與海豚嬉戲；大夥們分成兩邊互動，但我們這邊的海豚不知怎麼地游走了，不論飼育員怎麼吹哨子，海豚們就是不回來，最後還請另一邊的海豚來跟我們互動。好不容易前

面一組人結束，終於輪到我們下去，說也奇怪，原本不理不睬的海豚竟然回來了！與我們互動愉快，而且也沒有中途溜走，應該是前一隊有人惹海豚不開心，所以才賭氣不回應飼育員的叫喚。海豚真是非常聰明的動物，知道要逃離不友善的人群！

之後，船開到一處魚群較多的海上，停船讓我們下去浮潛。雖然我不大會游泳，但還是綁著浮帶下水，海裡魚群還算多，也是一次很好的體驗！

Crucero del Sol
Aïti 80
CEFEO

中午來到一座無人島，雪白的沙灘、綠色的椰子樹，我們在半戶外空間享用美味的食物，真是人生一大享受。即便烈日當頭，我們還是去岸邊散散步、踩踩沙、泡泡海水，非常舒服！船長及工作人員都非常熱情地帶動氣氛，他們歡呼、唱歌、跳舞，氣氛熱鬧非凡，平常只有在外國電影中才會看到這種情景呢！生在臺灣害羞的我們，也非常放開的唱著跳著，還跟幾群外國朋友合照，非常融入其中！也在這歡樂的氣氛中回到岸邊，結束這段特別的活動。

熱情如火的千里達

而在這些目不暇給的景點之中，我最喜歡的就是千里達的氛圍了。這座十七世紀的古城建築物漆著繽紛的色彩，門口的鐵門有許多不同花樣的窗花，點綴綠色植物，有些人會在自家客廳擺起飲料、手工藝品或是衣服等等，直接做起了生意，令人感覺相當輕鬆自在。

第一天傍晚，我們散步到用晚餐的地方，一路上看見許多人坐在自己家門口乘涼，或三五個左鄰右舍聚在一起喝著啤酒，其中還有一

家人在打麻將，居民看到我們都會熱情地打招呼，也很落落大方地讓我們拍照。第二天我們搭乘馬車逛街，一路上的當地人也都會熱烈地與我們打招呼；途中來到舊火車站，這兒有一群孩子們在放羊、玩耍，看到我們也絲毫不害羞，還牽了一隻羊給我，和我們一起拍照。這兒雖然生活條件和大城市比起來較不優渥，但

是可以感受到人們真誠且真摯的笑容。

在千里達坐馬車時，我們經過了一座教堂，這時天空的一側烏雲密布，另一側卻又恰巧有陽光灑落於建築物上。見此，蔡永義老師的攝影魂燃燒，請馬車停在建築物前讓我們構圖拍照；由於我沒有相機，便捕捉了大家攝影的情景，非常有趣呢！

POLO SPORT

1432

意料之外的驚喜

旅行期間剛好遇到我的生日，當天我被大夥們支開，負責去幫大家拿冰淇淋，回座位時餐廳服務人員拿著蛋糕、一邊唱著生日快樂歌走向我，讓我有點嚇到！雖然不是第一次在國外過生日，但這次是好幾位服務人員一起拿著蛋糕、同聲高唱生日快樂歌，加上他們的服裝和當地的環境，讓我覺得自己彷彿是某個城堡的主人，正在偌大的餐廳裡過生日，真是相當特別的一次體驗，謝謝領隊蘇蘇的安排。除此之外，蘇蘇還送我一幅當地風景的油畫，讓我非常感動！

隔天早上，蘇蘇說導遊維克多有寫一張紙條要祝我生日快樂，但是他考慮要不要拿出來，我就說為何不呢？蘇蘇拿給我看時我懂了，因為維克多曾在中國留學，所以也會寫些中文，紙片上是寫著祝福的話，並寫著「給佩小」；原來是因為蘇蘇都叫我「小佩」，維克多可能以為名字要倒過來寫，所以就寫成了「佩小」；還好我不是叫「小珊」，不然就糟糕了！總之，謝謝旅行社的安排，也謝謝大家幫我過生日！

乘載回憶的明信片

為了將旅途中的回憶用實體物品保存下來，我買了一張自認為最具代表性的風景明信片，請此行所有團員、導遊維克多和領隊蘇蘇在明信片上簽名，再寄回臺灣給自己。一開始是同團成員淑華先用這個方法，我覺得這個點子很棒，之前每次都是寫給朋友，怎麼就沒想到寫給自己留作紀念呢？這種方式比買紀念品還更有溫度、更有感覺！以後出國旅行也都可以比照辦理，不但可以收藏當地的風景照，也記錄了此次同行的夥伴，為旅途留下了更深刻的回憶。

除了明信片以外，我也買了些雪茄給朋友，無論男生女生都興趣盎然地對雪茄聞聞搓搓，看著朋友抽著雪茄一副很享受的樣子，我內心也不禁油然升起一股愉悅的心情，也更讓我確信，這段緣分是如此珍貴！

張玉佩的夢想清單

加勒比海之糖

張建和

花蓮縣富里鄉羅山村人，曾就讀竹園國小、五股國小、五股國中及四海工專土木工程科。不會游泳的海軍陸戰隊502梯，「看山小車隊」創辦人。喜愛旅遊、登山、健行、攝影、音樂、騎單車、隨興亂晃，工作之後最大的願望就是不工作。

旅遊可不是為了自我逃避，
而是要豐富自己人生。

我們從臺灣出發，花了四十幾個小時的時間，轉了兩次班機，飛越歐亞大陸、大西洋與百慕達三角海域，終於來到距離臺灣遠得要命的加勒比海國度——古巴。

這個慢臺灣十二小時的地方，在我們飛機抵達辦理入關時，已是當地時間的晚上九點多，工作人員少，且檢查較為仔細嚴格，所以通過海關的速度非常緩慢，但是從他們微笑的臉孔與和藹可親的服務態度，讓人可以感受到這裡的人相當熱情、友善。

調色盤般的哈瓦那

第一天抵達哈瓦那的飯店已是當地凌晨兩點多，在漆黑中並無法看清楚這城市的樣貌。隔日早上醒來，從飯店大門步出，看往街道的第一景象，就被街道上五顏六色的古董車所驚豔了。飯店前的廣場與道路旁早已停滿好幾列的車，有敞篷、有房車、有吉普、有皮卡，車身顏色多到無法唸出其色澤名稱，唯一共同特點，就是這些車子都是在臺灣從沒看過的古董車型。看著一台台比我還要老的五〇年代美式古董車，一時之間真讓人驚嘆連連。

皮卡車（pickup）

又稱為「輕便客貨兩用車」，通常是指帶有開放式載貨區的輕型卡車。皮卡車可分為美系與日系兩種類型，美系皮卡動力較強，但油耗大；而日系皮卡則車身較小，油耗也相對較低。但不管是哪一種皮卡車，底盤都比普通轎車還高。

整齊排列的美式古董車。

來到古巴哈瓦那的第一個白天，第一站是當地的雪茄工廠。瞭解雪茄從種植菸葉到做成雪茄成品的流程，比較可惜的是工廠內部不能拍攝，所以無法用照片記錄整個製作雪茄的過程。但雪茄工廠的解說導覽員將雪茄的生產與製造過程解說得很詳盡，只可惜是用英文講解，我們還需要透過導

蘭姆酒博物館。

筆者妻子在雪茄工廠大廳留影。

遊的翻譯才聽得懂，可見學生時期沒把英文學好，對於喜愛旅遊的我來說真是大錯特錯啊。

哈瓦那俱樂部。

哈瓦那舊城區於一九八二年被聯合國教科文組織選列為世界文化遺產，必須一遊的景點當然少不了。我們先到老城廣場，探訪享譽全球的蘭姆酒知名品牌「哈瓦那俱樂部——蘭姆酒博物館」，在這博物館內參觀蘭姆酒的歷史以及製作過程，博物館內陳列製作蘭姆酒過程中的諸多設備，還有一個工廠模型呈現過去從採收甘蔗、榨汁、製糖、發酵到蒸餾的過程，最後將成品裝在木桶，釀成蘭姆酒。在這個蘭姆酒博物館中，我們可以很清楚地認識整個製酒流程。參觀流程的最後，來到了博物館內的酒吧區，館方讓我們品嚐蘭姆酒的味道。蘭姆酒喝起來綿軟順口，帶有焦糖香味，不喝酒的我都覺得還滿好喝的。

在號稱世界古董車博物館的哈瓦那舊城區，我們當然要體驗搭乘敞篷古董車的樂趣。從入住的飯店開始，我們坐上顏色「蝦趴」的五〇年代敞篷古董車，沿著街道走至《玩命關頭8》拍攝場景的海岸街道，經過老樹林立的公園、馬蒂紀念碑（Monumento a José Martí），以及哈瓦那廣場，沿途遊覽哈瓦那大街小巷裡的風景，感受當地居民生活的真實樣貌。

其實，坐在古董敞篷車內並沒有很舒適，因為車內座椅的軟硬度與座椅的人體工學設計，都不比現代車子好，古巴的溫度與

左：筆者夫妻與古董車合影。
右：筆者妻子與同行友人搭乘古董車。

溼度都很高，加上敞篷車既沒有頂蓋，也沒有空調，行車時，熱風會從車側兩旁掃過，烈陽籠罩在頭頂上，悶熱的空氣讓人感到炙熱與黏溼，體感上並不是很舒服。但是既然都來到了哈瓦那，當然就一定要來體驗看看啊！光是沿途引起我們好奇心的風景，就足以掩蓋這些不適感了。

MoDo
GRANCAR

漫步於舊城

以徒步方式巡訪哈瓦那的舊城區，除了可以細看這座城市裡的歷史建築、街道排列，還可以看到住民的日常活動，是欣賞當地人真實生活樣貌的最佳方式。穿梭在人潮稀少的舊城區內，我們看到了哈瓦那主教堂，看到了公園內悠哉休憩的民眾與在街上玩樂的孩童；逛了蔬菜與水果種類不多的傳統市場，看到了在市場裡賣著自己油畫的畫家，加入了舉辦著小型慶祝活動的聚會，還去了一個可以自調香味的百年香水店購買香水，甚至跟著一個熱鬧的遊街式慶典活動與當地居民們同歡。

我們還去了大文豪海明威喜愛的酒吧，在那淺嚐一杯咖啡代酒。出發至晚餐餐廳前，我們在海灣處等待夕陽落下，直到星星升起。接著去了美國前總統歐巴馬

（Barack Obama, 1961-）曾經到訪的餐廳吃飯，享用與歐巴馬相同的餐飲。除了美食之外，餐廳還免費提供雪茄給用餐的客人體驗，同行的朋友們當然也沒錯過這個抽雪茄的機會！

在餐廳體驗抽雪茄。

哈瓦那處處都充滿了有趣且豐富的生活體驗，這裡多樣的地方特色能夠帶給我們這些旅客不同的享受，是眼睛所看見的、是味覺所品嚐的、是鼻子所聞嗅的、是手掌所觸摸的、是耳朵所聽見的，還有心裡所感受的，在在都能讓我們覺得新奇、覺得有趣，也讓我們心情愉悅，或許這就是哈瓦那的魅力吧。

踏上海明威的足跡

早上，我們從哈瓦那市區的飯店出發，先去探訪位處在哈瓦那近郊的「瞭望山莊」（Finga Vigía）——海明威的故居，也是他寫作的私人書房。

雖然參觀當天因為某些原因而無法進入室內，但是僅從外往內望入，擺設看起來不只非常舒適，也頗具其個性與風格，可以想得到這位大文豪應該也是個喜愛冒險的人。我們還能看到客廳、書房、臥室的每個區域，除了置滿各式書籍的書櫃外，牆上也掛上許多動物標本：有麋鹿、羚羊、水牛，讓人不禁想像著海明威狩獵

牠們時的情景；我想，或許是因為有這樣的冒險因子，才能寫出《老人與海》。故事中，主角「聖地雅各」在茫茫大海中永不放棄地與馬林魚纏鬥，並且在回程與鯊魚群誓死搏鬥的精神與毅力，令人敬佩不已。

瞭望山莊。

海明威的釣魚小船。

而停放在院子中的一艘木製船，是海明威在空閒之餘出海釣魚所搭乘的小船，其船身狀態保持良好，讓我們可以聯想到老漁夫聖地雅各駕著這艘船，出海釣捕馬林魚的場景。

參觀完瞭望山莊，我們坐一小段的車程前往柯西瑪小漁村（Cojímar），也就是《老人與海》故事中的漁村。漁村的住家並不多，或許是因為中午時分天氣太熱，路上的人也很少，只見兩、三人在海堤邊釣魚，還有一個攤販擺放著少數漁獲在販賣。漁港出海口旁有一座石砌的小城堡（Torreón de Cojímar），像是指引漁船回港的指標建物，矗立在漁港出海口上，坐擁兩百七十度的海水環繞，是個顯著的建築物。除了高度較高外，其獨特風格與一般的漁村住宅不太一樣。我們在那裡耍寶式地拍照，連洋傘都拿出來當配件，與藍天白雲與湛藍海色相呼應。在石堡前有座小小的公園，中

柯西瑪小漁村附近的小型城堡。

央立著海明威的雕像，應該是為了紀念他為這個小小漁村的貢獻——他讓全世界都知道柯西瑪小漁村，在古巴，在哈瓦那，在柯西瑪，在《老人與海》的書中。

柯西瑪小漁村的海明威雕像。

恰似你溫柔的柯西瑪小漁村

中餐，我們在柯西瑪漁村的「La Terraza de Cojimar」餐廳用餐，在服務生引導進入座位時，在餐廳角落處有一桌顯眼的四人桌位，桌上擺放著整齊餐具與黃色的桌布，明顯與其它餐桌的藍色桌布不同，因為這是當時海明威在這裡用餐時，特地要求的桌位，也是這個餐廳最明亮、視野最佳的位置。

海明威的專屬座位。

我們享用著餐廳送上來的美味午餐，喝著冰涼的飲料，耳中聽著樂團演奏哼唱的古巴音樂，一邊吃著餐點、一邊望著遠處矗立著燈塔的出海口。心中想著，我如果是《老人與海》書中的老漁夫聖地雅各，在吃飽之後，我是否即將駕駛著漁船，開往地平線另一頭的茫茫大海，捕捉那一隻碩大又難纏的馬林魚呢？我當下的心境又會是如何？焦慮？擔心？害怕？還是堅毅、雀躍、不認輸呢？

我沒有時間細想太久，餐廳裡演奏的樂團就熱情地邀請我們加入，幫忙拍手打節拍，或是上場跟節奏敲打邦高鼓（Bongos，一種古巴音樂中常見的鼓）。我們沒有學過，當然是敲得七零八落，曲不成調、調不成歌，但在用餐中與樂團的互動相當歡樂、有趣，尤其古巴音樂都帶有熱情奔放的節奏，會讓人不自主地跟著舞動，當然……也會讓我們情不自禁給出小費。

用完餐離開餐廳時，樂團中的一員突然將手上的吉他拿給我，原來是有團員透露了我會一點點吉他的事。身為一位臉皮厚的中年男人，當然也就大方地受邀；在我的吉他伴奏以及團員的合唱之下，我們一起表演了一首來自臺灣的民歌《恰似你的溫柔》，在古巴哈瓦那的小漁村，飄揚著我們的歌聲。重點是，我收到了這輩子因為吉他彈唱而收到的第一次小費，是餐廳樂團的團長打賞給我的，讓我既高興又感動，雖然只有一披索（Piso，古巴的法定貨幣，一元新台幣約將近零點七五披索）。

我喜愛這個漁村，不只是因為她的閒靜，不只是因為她的純樸，不只是因為餐點的美味，還有對遊客的親近態度與友善的服務，讓人心情深感放鬆、愉悅。

甜蜜蜜的小鎮千里達

抵達千里達的那天傍晚，我們從飯店散步到晚餐餐廳的道路上，我心裡確定了一件事：我喜歡千里達。

我喜愛千里達這城市的日常，喜愛它的平常。並非這城市沒有特別的地方，她沒有商業化，沒有匆忙緊迫的氛圍，在城市內生活的一切活動都是很從容且有秩序規律的，彷彿好幾十年、幾百年來都是如此運作著，沒有很大的起伏，這些反而是她讓我覺得最迷人的地方。

從兩百多年前以來，城市裡的道路與建築樣貌至今依然沒有多大改變，就一直是這樣。我們坐上當地特有的馬車，巡訪千里達的巷道，有著鋪上老舊石頭卻乾淨的道路，西班牙式的建築物有著顏色多彩的斑駁牆壁，有著高高的木板大門，還有長條型開口很大的木門窗，再配上不同圖樣的鐵格柵，妝點著街道景色，呈現一種紊亂中卻又莫名整齊的畫面。

居民偶有在室內休息、在戶外廊道椅子上或門檻上坐著、在兩側人行道上走著，或是偶有幾隻貓、狗、幾台腳踏車、幾輛馬車與幾輛老舊卻可行駛的機車、汽車經過，整個步調不疾不徐，沒有慌亂與急迫的氣氛，人們露出笑容，不吝嗇地跟我們打招呼。

她沒有哈瓦那的華麗與浮誇，也沒有一般觀光景點地區的人們對遊客的好奇眼光，或是緊盯跟隨地招攬生意。這裡的居民或許生活上並不寬裕、物資也很缺乏，但沒有人會向你強迫推銷購買商品，也沒有小孩會向遊客索討金錢與物品。居民們知道我們是遊客，但他們卻在不打擾我們的熱情之下與我們互動。

筆者一行搭上馬車遊千里達。

我們要拍照，他們不拒絕也不會閃躲，大方且熱情；我們跟路人打招呼，他們便以更熱烈的聲音與手勢回應；或是我們路過時偶爾與他們眼神交會，他們也會以點頭微笑示意地跟我們打招呼，這些舉動都讓我們感到有點不可思議，也讓我們覺得跟之前所接觸過的較落後地區，以及一些物資缺乏、生活所得較低的國家所遇到的情形都不一樣。

這裡的人除了好客之外也很愛笑，開懷的、熱情的、靦腆的，以及淺淺一抹的微笑。你可以看到大多數人臉上總帶著笑容，一種飽含善意的微笑。

向筆者一行打招呼的古巴人。

千里達街景。

綠色山谷的哀愁

我們也前往了近郊的甘蔗谷，雖然這裡早已不再種植甘蔗了，這一片沒有甘蔗的綠色山谷，讓我很容易聯想到在花蓮光復的大農大富平地森林園區，以前也是台糖在此種植甘蔗，再送至光復糖廠製作蔗糖，後來製糖產業沒落後，這一大片不再種植甘蔗的地方。二〇〇二年，林業局開始將該地區的農地植樹造林，成為一處森林休閒公園，而這裡的甘蔗谷也是類似此情況。

甘蔗是古巴十八世紀時的主要經濟產物，主要是歐洲地區對於蔗糖的需求非常大，而這裡的氣候與地質很適合種植甘蔗作物，因此才會在千里達大量栽種甘蔗，再加工製作成蔗糖後運往歐洲地區。因為這樣的經濟模式需要非常大量的人力，因此當時從非洲引進了非常多的黑奴來到古巴。西班牙人讓古巴有了甘蔗，卻也同時引入了殘酷的黑奴制度，也是歷史上既殘酷與慘忍的奴役行為。

在我們參觀完甘蔗谷，再回到城內的肯特羅宮（Palacio Cantero）參觀時，更能感受到這不人道制度的震撼。肯特羅宮是當時肯特羅家族的住所，此家族是以前古巴的糖業大亨。在肯特羅宮內，陳列了很多當時黑奴制度的歷史資料，黑奴從非洲運送至美洲、從壓榨勞力到刑罰、從出生到其病死，都有展示與介紹，讓參觀遊客能夠知道這一段慘無人道的歷史，讓我們記取教訓，不要再讓歷史重演。

我喜愛漫步在千里達的巷弄內，在這

千里達街景。

裡漫步，就像是走在自家附近街道一樣，環境感覺很安全。這裡的商店很少，沒有過多的商業色彩，沒有市儈的招搖攬客手法或誇大不實的商品介紹，這裡多是在地創作者的手作品，手編織品、手繪圖畫、手作陶土作品等，店員不會用壓迫式的介紹要你購買，也不會拒絕你的詢問、拆開展示與拍照，無論買與不買，他們依舊展現和善的笑容來回應你。

那天，我們坐著馬車巡繞城區結束，來到一家半露天餐廳的頂樓享用晚餐，我們在悅耳的樂團演奏與歌聲中享用美食，當下微風輕吹讓人爽身舒心、晚霞餘暉把天空變成金黃，桌上的美味佳餚、杯中的清涼飲品、耳中聽著樂團美悅的音樂，對面和身旁坐著親朋好友，這美好的一刻讓我們心情甜甜的，無法忘記，這甜甜的感覺，應該就像是千里達的蔗糖一樣吧！

筆者於千里達半露天餐廳用餐之景。

豐富我的人生

古巴，一個離臺灣好遠好遠的國度。

這裡的天氣是炎熱的，
這裡的人們是友善的，
這裡的事物是復古的，
這裡的氛圍是純樸的。

我們能在古巴尚未改變其原有樣貌時來這裡旅遊，我想是幸運的；因為，當有天資本市場無情地進入此地，這裡的一切肯定都不會保有現在的樣貌了。

切・格瓦拉說：「我想，革命是不朽的。」
「看山小車隊」說：「我想，玩樂是不停的。」
就讓我們以玩樂的方式，來看看這個世界。

海明威說過：「即使到處遊歷，總無法逃避自己。」

旅遊可不是為了自我逃避，而是要豐富自己人生。

看山小車隊

筆者在二〇〇八年完成單車環島之後，成立了一個騎著小折的單車車隊，隊員來自同事、朋友與家人等等。

因喜愛在風景優美的山林道路、田野鄉間小路騎車旅遊，也喜愛登山活動，加上成員們所騎乘的單車都是折疊型的小折，因此取名「看山　小車隊」，唸快一點也可以變成「看山小　車隊」。

另一個含意，則也是因成員們皆熱愛登山，便引用自杜甫的〈望岳〉：

岱宗夫如何？齊魯青未了。
造化鍾神秀，陰陽割昏曉。
盪胸生曾雲，決眥入歸鳥。
會當凌絕頂，一覽眾山小。

取其「一覽眾山小」——看山小！

張建和的夢想清單

憑此書自即日起至2024年6月30日止，
凡報名「元本旅遊」中南美、歐洲團體
行程，可折抵新台幣$1,000元費用！
（元本旅遊保有本活動最終解釋權）

im8
時 尚 品 味 · 行 銷 世 界
PRODUCT CATEGORIES
Gown
Dress
Top
Skirt
Suit
Coat
Man
Kid
Bag
Shoes
LINE
FB
官網
依果國際
www.im8.asia
+8862-8780-6898

我的夢想清單02　PE0211

追夢到古巴

穿梭純樸與恬靜 漫步華麗與時尚

作　　者	蘇　蘇、蔡永義、林麗玲、張國器、陳淑華、魏瓊瑛、康慶宏、張玉佩、張建和
責任編輯	劉芮瑜、邱意珺
圖文排版	莊皓云
封面設計	王嵩賀

出版策劃	元本旅行社
主題策劃	元本旅行社
出版發行	釀出版（秀威資訊科技股份有限公司） 114 台北市內湖區瑞光路76巷65號1樓 電話：+886-2-2796-3638　傳真：+886-2-2796-1377 服務信箱：service@showwe.com.tw http://www.showwe.com.tw
郵政劃撥	19563868　戶名：秀威資訊科技股份有限公司
展售門市	國家書店【松江門市】 104 台北市中山區松江路209號1樓 電話：+886-2-2518-0207　傳真：+886-2-2518-0778
網路訂購	秀威網路書店：https://store.showwe.tw 國家網路書店：https://www.govbooks.com.tw
法律顧問	毛國樑　律師
總 經 銷	聯合發行股份有限公司 231新北市新店區寶橋路235巷6弄6號4F 電話：+886-2-2917-8022　傳真：+886-2-2915-6275

出版日期	2023年11月　BOD一版 2023年12月　BOD二版
定　　價	450元

讀者回函卡

Printed in Taiwan

國家圖書館出版品預行編目

追夢到古巴：穿梭純樸與恬靜 漫步華麗與時尚 /
蘇　蘇, 蔡永義, 林麗玲, 張國器, 陳淑華, 魏瓊瑛,
康慶宏, 張玉佩, 張建和合著. -- 一版. --
臺北市 : 釀出版, 2023.11
面；　公分. -- (我的夢想清單 ; 2)
BOD版
ISBN 978-986-445-874-5(平裝)

1. CST: 遊記 2. CST: 古巴

755.839　　112017370